Architektur erwandern

Band 2

D1664784

Reto Westermann
Üsé Meyer
(Hrsg.)

Architektur erwandern

Band 2

15 Touren zu zeitgenössischer
Architektur in den Bergen

WERDVERLAG

Für die grosszügige finanzielle Unterstützung geht unser Dank
an die Ernst Göhner Stiftung.

Alle Rechte vorbehalten, einschliesslich derjenigen
des auszugsweisen Abdrucks und der elektronischen
Wiedergabe.

© 2012 Werd Verlag AG, Zürich

IDEE UND HERAUSGEBER Reto Westermann, Üsé Meyer,
  Alpha Media AG, Winterthur
AUTOREN Sibyl Heissenbüttel, Üsé Meyer, Ulrike Nicholson,
  Désirée Seuret, Philip Spaar, Laura Verbeke, Reto Westermann
FOTOS Soweit im Bildnachweis nicht anders erwähnt,
  stammen alle Fotos von den Autoren.
UMSCHLAGFOTOS Vorne: Monte-Rosa-Hütte (© ETH-Studio
  Monte Rosa/Tonatiuh Ambrosetti); hinten: Anenhütte
LEKTORAT Linda Malzacher
SATZ Hansen Typografische Gestaltung, Luzern
KARTEN Schweizer Wanderwege, Bern
DRUCK Bodan AG Druckerei und Verlag, Kreuzlingen

gedruckt in der
schweiz

ISBN 978-3-85932-694-1
www.werdverlag.ch

Inhalt

Wissenswertes

Das vorliegende Buch und die darin enthaltenen Informationen ersetzen das eigene Routenstudium vor Beginn der Wanderung nicht. Eine gute Basis dafür sind die bei den jeweiligen Routen genannten Blätter der Landeskarten der Schweiz in den Massstäben 1:25 000 und 1:50 000, die entsprechenden Wanderkarten sowie das Kartentool auf www.schweizmobil.ch.

Schwierigkeitsgrade

Die Schwierigkeitsbewertung in diesem Buch orientiert sich an der SAC-Wanderskala, welche von T1 (Wandern) bis T6 (schwieriges Alpinwandern) reicht. Die bei den Touren angegebenen Schwierigkeitsgrade beziehen sich auf günstige Verhältnisse, also auf gutes Wetter, trockenes Gelände und klare Sicht. Bei Nebel, Regen oder gar Schneefall nehmen die Anforderungen rasch zu.

T1 Wandern

Weg/Gelände: Gut gebahnter Weg in flachem oder leicht geneigtem Gelände. Falls nach SAW-Normen markiert: gelbe Wegweiser. Keine Absturzgefahr. Anforderungen: Keine. Turnschuhe genügen. Die Orientierung ist problemlos und man benötigt keine Karte.

Wanderungen T1
Huttwil – Willisau (S. 52)
Rigi Scheidegg – Rigi Kaltbad (S. 62)
Maienfeld – Fläsch – Maienfeld (S. 82)
Muldain – Scharans (S. 104)
Scuol – Vnà (S. 114)
Baumgartenhöhe – Niedere Alpe – Baumgartenhöhe (S. 150)
Radolfzell – Konstanz (S. 162)

T2 Bergwandern

Weg/Gelände: Weg mit durchgehendem Trassee und ausgeglichenen Steigungen. Falls nach SAW-Normen markiert: weiss-rot-weiss. Gelände teilweise steil, Absturzgefahr nicht ausgeschlossen. Anforderungen: Trittsicherheit. Trekkingschuhe sind empfehlenswert. Elementares Orientierungsvermögen.

Wanderungen T2
Crans-Montana – Mollens (S. 12)
Moosfluh – Riederalp (S. 34)
Fafleralp – Anenhütte – Fafleralp (S. 42)
Stels – Luzein (S. 94)
Vrin – Olivone (S. 124)

T3 Anspruchsvolles Bergwandern

Weg/Gelände: Am Boden ist meist noch eine Spur vorhanden, ausgesetzte Stellen können mit Seilen oder Ketten gesichert sein, eventuell braucht man die Hände für das Gleichgewicht. Falls nach SAW-Normen markiert: weiss-rot-weiss. Zum Teil exponierte Stellen mit Absturzgefahr, Geröllflächen, weglose Schrofen. Anforderungen: Gute Trittsicherheit. Gute Trekkingschuhe, durchschnittliches Orientierungsvermögen und elementare alpine Erfahrung.

Wanderungen T3
Tenigerbad – Pardé (S. 136)

T4 Alpinwandern

Weg/Gelände: Weg nicht überall sichtbar, Route teilweise weglos, an gewissen Stellen braucht es die Hände zum Vorwärtskommen. Falls nach SAW-Normen markiert: weiss-blau-weiss. Gelände exponiert, heikle Grashalden, einfache, apere Gletscher.
Anforderungen: Gute Geländebeurteilung, gutes Orientierungsvermögen, alpine Erfahrung.

Wanderungen T4

Rotenboden – Monte-Rosa-Hütte – Rotenboden (S. 22)
Gletscherquerung und Aufstieg zur bzw. Abstieg von der Hütte: T4+ (aufgrund der Gletscherquerung: Steigeisen erforderlich, markierter Weg)

T6 Schwieriges Alpinwandern

Weg/Gelände: Meist weglos, Kletterstellen bis zum zweiten Grad, kaum markiert. Falls nach SAW-Normen markiert: weiss-blau-weiss. Häufig sehr exponiert. Heikles Schrofengelände. Gletscher mit hoher Ausrutschgefahr.
Anforderungen: Ausgezeichnetes Orientierungsvermögen, ausgereifte Alpinerfahrung, Erfahrung im Umgang mit alpinen Hilfsmitteln (Pickel, Seil, Steigeisen).

Wanderungen T6

Gemsstock – Gotthard Hospiz (S. 72)

Allgemeine Informationen

Als Ergänzung zur Tourenplanung nachfolgend wichtige Telefonnummern und nützliche Websites:

Wetter

Wetterbericht	**162**
	(mehrmals täglich aktualsiert)
Alpenwetterbericht	**0900 162 138**
www.meteoschweiz.ch	
www.meteocentrale.ch	

Notruf

Rega	**1414**
Polizei	**117**
Sanität	**144**
Feuerwehr	**118**
Allgemeiner Notruf	**112**

Internet

SAC und Hütten
www.sac-cas.ch
Fahrpläne
www.sbb.ch, www.postauto.ch
Karten
www.swisstopo.ch
Tourenplanung
www.schweizmobil.ch
Schweiz Tourismus
www.myswitzerland.com
Schweizer Wanderwege
www.wandern.ch
Architekturinfos
www.swiss-architects.com

Kartenmaterial

Auf allen Touren empfiehlt sich die Mitnahme des passenden Kartenmaterials. Hinweise zu den jeweiligen Karten finden sich auf der Serviceseite der einzelnen Touren. Gut geeignet für die Vorausplanung der Touren ist auch das Kartentool von www.schweizmobil.ch.
Wichtig: Digitale Karten auf Smartphones oder GPS-Geräten sind eine gute Hilfe, ersetzen aber im Notfall Karten auf Papier nicht.

Hinweis

Nicht alle der im Buch vorgestellten Architekturobjekte können besichtigt werden. Dies gilt insbesondere für Privathäuser. Bitte respektieren Sie die Privatsphäre der Besitzer/Bewohner. Wo geführte Besichtigungen möglich sind, findet sich ein entsprechender Hinweis direkt bei der Objektbeschreibung.

Zeichenerklärung

T1/T2	Schwierigkeitsgrad (siehe S. 8)
⊘	Wanderzeit
⊔⊔	Distanz
▲▲	Höhendifferenz

Vorwort

Bauten inmitten schöner Landschaften werden oft als Fremdkörper gesehen. Doch mit der nötigen Sorgfalt und Respekt vor dem Ort entworfene Bauwerke können einen interessanten Spannungsbogen zwischen Natur und Siedlungsraum schlagen. Solche zeitgemässen Gebäude haben nichts gemein mit anbiedernden Chaletbauten, die eine verklärte Vergangenheit suggerieren wollen, sondern sind eigenständige Objekte mit einer modernen Architektursprache, die regionale Traditionen neu interpretiert.

Wie sich Architektur und Landschaft ergänzen können, zeigen verschiedene in den letzten Jahren realisierte Projekte in der Schweiz und im angrenzenden Ausland. Ihnen widmet sich dieses Buch. Es führt Sie als Leserin oder Leser zu Fuss langsam an die Objekte heran und lässt Ihnen so Zeit, sich mit den Gebäuden und der Landschaft auseinanderzusetzen. Die ausgewählten Bauten reichen vom einfachen Ferienhaus auf der Rigi bis hin zur weltbekannten Monte-Rosa-Hütte oberhalb von Zermatt. Geografisch verteilen sich die Routen vom äussersten Zipfel des Wallis über die Innerschweiz bis hin ins grenznahe Ausland, und ihr Schwierigkeitsgrad deckt alle Bereiche vom gemächlichen Winterspaziergang bis hin zur Hochgebirgswanderung ab.

Viel Spass und spannende Eindrücke auf den Touren wünschen

Reto Westermann und Üsé Meyer
Sommer 2012

Wandern zwischen Tradition und Moderne

Hoch über dem Walliser Haupttal

Von Crans-Montana nach Mollens VS

T2

🕐 3 h

⊔ 10,4 km

▲ 970 m

ROUTE Ⓐ Montana Vermala (1663 m) – Ⓑ Courtavey (1699 m) – Ⓒ Cave de Colombire (1843 m) – Ⓓ Aminona (1512 m) – Ⓔ Les Echerts (1190 m) – Ⓕ Mollens VS (1070 m)

WANDERZEIT Ca. 3 Stunden mit 190 Metern Aufstieg und 780 Metern Abstieg

TOURENCHARAKTER T2. Grösstenteils bequeme Wege, einzelne steile Abschnitte auf leicht rutschigen Wegen

VARIANTE Vom Cave de Colombire weiter der Bisse de Tsittoret folgen bis hoch zur Quelle der Tièche

BESTE JAHRESZEIT Juni bis Oktober

ANREISE/RÜCKREISE Mit der Bahn nach Sierre (Siders), dann mit der Standseilbahn nach Montana Gare. In Montana verkehren die Ortsbusse in unregelmässigen Abständen nach Vermala.

Ab Mollens entweder mit dem Ortsbus nach Bluche-Randogne und von dort mit der Standseilbahn nach Sierre oder direkt mit dem Linienbus nach Sierre

VERPFLEGUNG/ÜBERNACHTUNG Diverse Restaurants und Hotels in Sierre und Crans-Montana. Le Relais in Colombire (www.colombire.ch)

KARTEN Landeskarte der Schweiz: 1:50 000, Blatt 273 «Montana»; 1:25 000, Blatt 1287 «Sierre»; Wanderkarte: 1:50 000, Blatt 273T «Montana»

INTERNET www.crans-montana.ch, www.colombire.ch

Berge wie Perlen auf einer Kette

Die Tour von Montana nach Mollens führt über lange Strecken die traditionellen Walliser Bewässerungskanäle entlang. Sie fasziniert aber auch durch die Aussicht auf das beeindruckende Alpenpanorama.

Reben und Berge, so weit das Auge reicht – die Reise ins Wallis lohnt sich nur schon der Landschaft wegen. In Sierre, oder zu Deutsch Siders, verlassen wir den Zug. Der Blick über die Weinberge, die die Hänge bedecken wie grüne Teppiche, hoch zu den Bergen ist bereits unten im Rhonetal fantastisch. Dennoch wollen wir höher hinaus. Wir besteigen die Standseilbahn, die uns auf 1471 Meter über Meer nach Montana bringen wird.

Alles will mit der Bahn mit: Gehhilfen und Kinderwagen, Wanderschuhe und Mountainbikes. Dank des Glasdachs der Bahnwagen verpasst weder Jung noch Alt etwas von der traumhaften Aussicht. Aber es sind nicht nur die Generationen, die hier aufeinandertreffen. Während dieser Tour werden wir des Öfteren auf Gegensätze von Traditionellem und Neuzeitlichem stossen. «Man muss mit der Zeit gehen, aber darf dabei Altbewährtes nie vergessen», meint der Bahnführer, und nickt in Richtung der Mountainbiker.

Langsame Wanderer, schnelle Biker

Auf dem Hochplateau angekommen flanieren wir durch die Gassen des Bergdorfs. Montana ist so vielseitig und abwechslungsreich wie die Weine der Region – es bietet für jeden Geschmack etwas: Kurort, Feriendestination und Sportparadies in einem. Am «Etang Grenon», einem der künstlich angelegten Seen in Montana, geniessen wir den Rundblick auf unzählige Gipfel. Wassersport wird hier ebenso gross geschrieben wie Golf. Und das ist unser Stichwort. Wir bleiben auf trockenen Gefilden und machen uns auf in Richtung Golfplatz Vermala, dem Ausgangspunkt unserer Wanderung.

Mit der Standseilbahn geht es hoch nach Montana

Den rund zwanzig Minuten dauernden Anstieg die Strasse entlang nach Vermala sparen wir uns und nehmen stattdessen den kostenlosen Ortsbus. Während auf dem Green fleissig eingelocht wird, machen wir uns auf den «Bisse de Tsittoret» genannten Weg. Bisses – oder zu Deutsch Suonen – sind historische Bewässerungskanäle, die zum Teil bis heute das Wasser aus den Bergen auf die trockenen Wiesen und in die Rebberge bringen.

Der Kies unter unseren Schuhen knirscht, die Grillen zirpen und das Panorama beeindruckt: Es reicht vom Simplon über das Rhonetal bis zum Montblanc und hoch zum Wildstrubel, welcher die Kantone Bern und Wallis trennt. Während wir den Blick in vollen Zügen geniessen, haben es andere eiliger. Wie bereits in der Standseilbahn festgestellt sind die Schweizer nicht mehr nur ein Wandervolk: Nebst dem traditionellen Volkssport liegt Downhill-Biken in den Walliser Bergen im Trend. Hie und da kreuzen sich Wander- und Bikeroute und Unerschrockene, gepanzert wie Eishockeyspieler, rasen auf ihren Hightech-Bikes den Berg hinunter. Wir nehmen es gemütlicher und folgen dem Wanderweg, vorbei an Sesselliften im Sommerschlaf. Die eingelagerten Sessel lassen erahnen, wie viele Skifahrer im Winter hier über die Pisten flitzen. Aber jetzt gehören die Hänge noch den Wanderern und Bikern.

Wen die frische Bergluft hungrig macht, findet immer wieder eine gut ausgestattete Feuerstelle zum Bräteln. Vorbei am Maiensäss von Courtavey führt uns der Weg bis zum namensgebenden

Ausblick über das Rhonetal

Wasserkanal «Bisse de Tsittoret». Zur Erfrischung spritzen wir uns das kalte Nass ins Gesicht, bevor wir die Bisse entlang bergwärts weitergehen – ein erster Anstieg, der uns den Schweiss auf die Stirn treibt. Von den vereinzelten Autos, die auf der etwas tiefer gelegenen Strasse vorbei brausen, lassen wir uns nicht stören – zu schön sind die Aussicht und das fröhliche Gluckern der Bisse. Der erste Anstieg war noch nicht alles: Wir queren den Wildbach Bovèrèche und landen auf einer Treppe. Hier wird unser Kreislauf so richtig in Schwung gebracht. Oben angekommen stehen zum Glück einige Bänke zum Verschnaufen bereit. Wir pausieren nur kurz, denn das nächste Wegstück durch den Wald und weiter entlang der Bisse lockt uns.

Der Waldweg ist von Wurzeln durchzogen und mit Tannzapfen übersät – das richtige Terrain für unsere Wanderschuhe. Immer wieder springen Eichhörnchen vorwitzig über unsere Köpfe hinweg. Hie und da lichtet sich der Wald. Die verschneiten Spitzen der Viertausender reihen sich aneinander wie Perlen auf einer Kette – ein eindrücklicher Anblick. Bei klarer Sicht ist von hier aus sogar das rund 40 Kilometer entfernte Matterhorn zu sehen.

Altes Holz und moderner Beton

Wir folgen weiter den Wegweisern «Bisse de Tsittoret» und erreichen nach gut eineinviertel Stunden den «Cave de Colombire»,

Unser Architekturziel: Cave de Colombire mit Maiensässen und Besucherzentrum

eine Ansammlung urchiger Alphütten, die heute Teil eines Freilichtmuseums sind. Zwischen den alten Hütten blitzen frech zwei moderne Betonklötze hervor: Das von den Architekten frundgallina aus Neuchâtel geschaffene «Relais de Colombire» ist das Besucher- und Gastrozentrum des Museum-Weilers. Die Kuben aus unbehandeltem Beton setzen einen modernen Kontrapunkt zu den alten Alpgebäuden und nehmen trotzdem Elemente des damaligen Bauens auf. Das Nebeneinander von Tradition und Moderne lockt nicht nur Wanderer, sondern auch Architekturfans an. Das moderne Gebäude mag in dieser idyllischen Landschaft auf den ersten Blick irritieren, gewinnt durch die zahlreichen Blumenkisten und die freundliche Bedienung aber schnell an Charme. Ob eine kleine Stärkung mit traditionellen Gerichten oder nur eine kühle Erfrischung, das «Centre d'accueil et de restauration» besticht durch seine Aussicht, die Liegestühle und die moderne Architektur – Verweilen ist hier ein Muss. Wer sehen will, wie es sich am selben Ort ein paar Jahrhunderte früher lebte, kann im Freilichtmuseum in die Welt unserer Ahnen eintauchen.

Vom «Cave de Colombire» könnte man weiter entlang der «Bisse de Tsittoret» wandern, die hoch bis zur Quelle der Tièche führt. Wir folgen nun aber den Wegweisern Richtung Ploumachit/Aminona. Während rund einer halben Stunde marschieren wir auf der Strasse und auf Schotterwegen. Das Wahrzeichen von Aminona, die «Résidences Kandahar», weist uns schon von weitem den Weg

**Von Colombire aus geniesst man einen freien Blick
auf die Walliser Alpen**

zum Weiler. Nebst den drei neuzeitlichen Turmbauten treffen wir auf zahlreiche Chalets im traditionellen Stil.

Von Aminona folgen wir weitere 400 Meter der Strasse Richtung Mollens. Dann zeigt der gelbe Wegweiser rechts hinunter. Auf diesem Teilstück müssen wir die Augen offen halten: Die Wanderwegmarkierungen sind bei Abzweigungen zum Teil nicht auf den ersten Blick auszumachen. Der Weg ist steil und die Steine unter unseren Schuhen machen sich nicht selten selbstständig. Wanderstöcke wären an dieser Stelle praktisch. Der steile Abstieg geht in die Knie, aber wie schon so oft heute lässt uns die Aussicht die Anstrengung vergessen. Wer es gerne mystisch hat, macht bei Les Echerts einen Abstecher hoch zur Feenwand. In den Höhlen in der Felswand haben sich, so die Legende, einst Feen versteckt. Weiter geht es talwärts durch Fichtenwälder, bis wir nach 40 Minuten das verschlafene Bergdorf Mollens erreichen. Um uns einen weiteren steilen Abstieg zu ersparen, besteigen wir hier den Bus. Er schlängelt sich rund 20 Minuten durch die Rebberge und zirkelt um Hausecken. Zum letzten Mal geniessen wir den Ausblick auf die Walliser Alpen, die von hier unten noch imposanter anzusehen sind. Wieder in Sierre schliessen wir unsere Tour würdig ab und stossen – wie es sich im Wallis gehört – mit einem schmackhaften Glas Weisswein aus den umliegenden Reben an. Santé!

FÜR DIE NACHWELT Im Alpmuseum von Colombire erinnert man sich daran, wie hier oben um 1930 gelebt und gearbeitet wurde. Dafür wurden eigens drei Maiensässe in der Region Crans-Montana ab- und auf dem Museumsgelände originalgetreu wieder aufgebaut. Bei dem 2010 eröffneten Besucherzentrum handelt es sich dagegen um einen Neubau, der sich besonders deutlich von den historischen Steinbauten abhebt. Die beiden von frundgallina architectes entworfenen, kristallinen Betonbauten gehören eigentlich zu einem einzigen grossen Baukörper, der sich allerdings tief in den Hang gräbt und nur an zwei Stellen aus der Erde ragt. Überirdisch liegt zum einen der Empfangsbereich des Gebäudes – ein Baukörper mit unregelmässig geknickter Dachfläche und zwei hohen Kaminen. Zum anderen schiebt sich ein Stockwerk tiefer der Saal – erkennbar am grossen Panoramafenster – nur gerade soweit aus dem abschüssigen Terrain, dass Fenster und Türe freigelegt sind. Sichtbeton in denkbar schlichter Ausführung wurde gleichermassen für Wände und Decken eingesetzt und thematisiert damit die Vielseitigkeit des

Materials. Was bei den historischen Bauten der traditionelle Stein war, ist beim neuen Besucherzentrum der Beton. In beiden Fällen haben die Erbauer versucht, das Potenzial des Baustoffs voll auszuschöpfen. Dieser Umgang mit Material und Konstruktion verleiht dem Neubau die nötige Authentizität für einen gelungenen Dialog zwischen Alt und Neu.

Besucherzentrum des Alpmuseums, Colombire VS
Bauherrschaft Association du Hameau de Colombire, Mollens VS
Art des Auftrags Wettbewerb
Architektur frundgallina architectes, Neuchâtel NE
Ingenieur BISA Bureau d'Ingénieurs, Sierre VS
Baujahr 2008–2009
Internet www.frundgallina.ch, www.colombire.ch

Aluminium-kristall und Viertausender à la carte

Kraxelei zur modernsten
SAC-Hütte

Von Rotenboden zur Monte-Rosa-Hütte

T4+

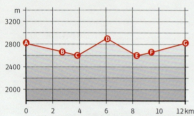

🕐 4 h und 4 h

⊔ 6 km und 6 km

▲▲ 800 m und 800 m

Monte-Rosa-Hütte SA

1 km

ROUTE 1. Tag Ⓐ Bahnstation Rotenboden (2815 m) – Ⓑ Gadmen (2658 m) – Ⓒ Gornergletscher (2600 m) – Ⓓ Monte-Rosa-Hütte (2883 m) **2. Tag** Ⓓ Monte-Rosa-Hütte (2883 m) – Ⓔ Gornergletscher (2600 m) – Ⓕ Gadmen (2658 m) – Ⓖ Bahnstation Rotenboden (2815 m)

WANDERZEIT Ca. 4 Stunden pro Weg mit jeweils je 400 m Auf- und Abstieg

TOURENCHARAKTER T4+. Teilweise anspruchsvolle Tour. Der Abschnitt von Gadmen zur Monte-Rosa-Hütte ist vor allem wegen der Querung des Gletschers und des steilen Aufstiegs nur für geübte und trittsichere Berggänger geeignet. Steigeisen und Stöcke sind für die Gletscherquerung zu empfehlen. Unerfahrene Berggänger sollten die Tour nur in Begleitung eines Bergführers unternehmen

VARIANTE Auf dem Rückweg besteht die Möglichkeit, ab Gadmen zum Gornergrat hochzusteigen

BESTE JAHRESZEIT Juli bis September (Öffnungszeiten der Hütte beachten)

ANREISE/RÜCKREISE Mit dem Zug nach Zermatt und von dort mit der Gornergratbahn bis zur Station Rotenboden. Rückfahrt auf demselben Weg

VERPFLEGUNG/ÜBERNACHTUNG Zahlreiche Hotels und Restaurants in Zermatt. Kulmhotel Gornergrat (www.gornergrat-kulm.ch). Monte-Rosa-Hütte (www.section-monte-rosa.ch, Rubrik Hütten, T 027 967 21 15). Achtung: Die Monte-Rosa-Hütte ist sehr gut belegt. Die Reservation erfolgt am einfachsten über das Reservationssystem im Internet

KARTEN Landeskarte der Schweiz: 1:25 000, Blatt 1348 «Mischabel»; Wanderkarte: 1:50 000, Blatt 284T «Mischabel»

INTERNET www.zermatt.ch, www.neuemonterosahuette.ch

Gletscherquerung inklusive

Die Monte-Rosa-Hütte oberhalb Zermatt gilt als modernste Hütte der Alpen. Wer eine Nacht dort verbringen will, braucht einiges an Bergerfahrung, denn auf dem Weg zur Hütte muss auch ein Gletscher überquert werden.

Wo ist die Hütte? Seit gut einer Stunde sind wir auf dem gut ausgebauten Wanderweg von Rotenboden Richtung Gadmen unterwegs. Die Gornergratbahn hat uns von Zermatt zur 1200 Meter höher gelegenen Station Rotenboden gebracht. Zu unserer Linken erhebt sich die Flanke des Gornergrats, hinter uns steht majestätisch das Matterhorn. Rechts von uns, unten im Tal, liegt der Gornergletscher. Weiter oben sehen wir den Breithorn-, den Schwärzen- und den Grenzgletscher. Oberhalb von letzterem sollte gemäss unserer Karte die neue Monte-Rosa-Hütte stehen. Wir sitzen auf einem Felsblock am Wegrand, machen eine kurze Picknick-Pause und lassen den Blick immer wieder über die Felslandschaft oberhalb des Grenzgletschers schweifen – nichts zu sehen von der Hütte! Wie ein grosser Kristall soll sie gemäss Bildern aussehen, mit ihrer glänzenden Aluminiumhaut und den schrägen Fassaden – vielleicht versteckt sie sich deshalb so gut in der unwirtlichen Berglandschaft? Wir packen unseren Proviant wieder ein und folgen weiter dem Weg entlang der Hangflanke. Langsam sinkt er ab Richtung Gornergletscher.

Zahlreiche Berggänger kommen uns entgegen. An ihren Rucksäcken sind Pickel und Steigeisen befestigt. Sie haben wohl in den frühen Morgenstunden von der Monte-Rosa-Hütte aus einen der umliegenden Viertausender bestiegen und sind nun auf dem Rückweg ins Tal.

Rückzug der Gletscher

Viertausender gibt es hier so viele wie kaum woanders in der Schweiz. Die Liste liest sich wie ein Who-is-who der Bergwelt. Der

Gleich zu Beginn der Wanderung präsentiert sich das Matterhorn

Reigen reicht von der Dufourspitze über Castor und Pollux bis zum Breithorn. Die hohe Zahl an interessanten Bergen im Umfeld war mit ein Grund für den Schweizer Alpenclub (SAC) im Jahr 2009 die alte Monte-Rosa-Hütte durch einen grösseren Neubau zu ersetzen. Die erste Hütte an diesem Ort wurde bereits 1895 erstellt. Bilder aus jener Zeit zeigen ein einfaches Haus aus Holz und Stein im damals üblichen Stil der Berghütten. Die Hütte war bald zu klein und wurde 1918 durch einen Anbau um 20 Plätze vergrössert. Die wachsende Beliebtheit des Bergsteigens machte auch später immer wieder Erweiterungen nötig. Die Bilder der ersten Hütte zeigen nicht nur die einfache Bauweise von damals, sondern auch, wie mächtig der Grenzgletscher einst war. Er reichte fast bis zum oberen Rand der Seitenmoräne, auf der die Hütte erstellt wurde. Auf aktuellen Karten liegen zwischen dem Rand des Gletschers und dem ursprünglichen Standort der Hütte mehrere hundert Meter Distanz. Die Moräne am Gletscherrand können wir gut erkennen, die neue Hütte hingegen, die oberhalb von ihr stehen sollte, haben wir immer noch nicht entdeckt.

Wir wandern weiter und kommen bald zur Abzweigung, wo ein schmaler und steiler Weg hoch zum Gornergrat abzweigt. Unser Weg hingegen wird vorerst noch breiter und führt auf fast ebenem Gelände weiter. Wir befinden uns jetzt direkt auf der Moräne des Gornergletschers. Wir halten kurz an, denn von hier aus ist der Ausblick über den Gletscher und in die Bergwelt grandios. Und plötz-

Meterhoch türmt sich der Monte-Rosa-Gletscher; steinige Landschaft beim Abstieg zum Gletscher

lich sehen wir auch die Monte-Rosa-Hütte. Mitten zwischen grossen Felsblöcken steht sie am Abhang hoch über der Moräne des Grenzgletschers. Ihre silbrige Hülle glänzt in der Sonne und lässt tatsächlich an einen Kristall denken. Schon aus der Distanz sind wir beeindruckt von diesem Gebäude, das als derzeit modernste und technisch ausgefeilteste Berghütte der Alpen gilt. Der Bau ist ein Gemeinschaftswerk der ETH Zürich und des SAC. Ziel der Planer war es, ein Gebäude zu erstellen, das die hochalpinen Ressourcen schont, energieautark funktioniert und den Gästen gleichzeitig mehr Komfort als übliche Hütten bietet.

Die Monte-Rosa-Hütte besteht aus vorgefertigten Holzelementen, die von der Station Rotenboden aus, wo wir gestartet sind, mit dem Helikopter auf die Baustelle geflogen und dort direkt mit Hilfe des Helis montiert wurden. Der Anblick aus der Ferne lässt unsere Erwartungen ans Innere der Hütte steigen. Doch den Weg dorthin müssen wir uns erst noch verdienen. Die gelben Wegweiser enden und werden von den blau-weissen Markierungen für Alpinwanderungen abgelöst. Eine Warntafel weist uns darauf hin, dass die Route ab hier nur noch für versierte Berggänger mit entsprechender Ausrüstung geeignet ist. Schon bald geht es steil nach unten, zwei Mal müssen wir über Leitern klettern, um schwierige Passagen zu überwinden, dann marschieren wir über einen Gletscherbach und umrunden einen Felskopf. Drahtseile helfen hier beim sicheren Queren der schmalen Stelle.

Eis, Schnee und ein steiler Aufstieg

Und dann endlich stehen wir am Rand des Gornergletschers. Wir montieren unsere Steigeisen und packen die Stöcke aus. Der Weg ist gut ausgeschildert. Doch immer wieder erinnern uns Spalten daran, auf welch heiklem Terrain wir uns hier befinden. Der Weg führt im Zickzack um die Spalten herum. Nach gut einer halben Stunde stehen wir auf einer Felsinsel mitten im Gletscher. Wir packen die Steigeisen wieder ein, aber schon nach kurzer Zeit hat uns die Gletscherwelt wieder. Dieses Mal sind wir auf dem Grenzgletscher unterwegs und die Hütte rückt immer näher. Die zweite Gletscherquerung ist ungleich anspruchsvoller. Teils auf schmalen Graten aus Schnee queren wir Spaltenfelder. Tief im Untergrund gurgeln Gletscherbäche. Hier sind wir froh um die Sicherheit, die uns Steigeisen und Stöcke geben. Schliesslich queren wir einen weiteren Gletscherbach auf einer Brücke, die nur aus Eis und Schnee besteht, und stehen dann endlich wieder auf festem Fels. Steigeisen und Stöcke verschwinden im Rucksack und es geht an den letzten Aufstieg. Der hat es in sich: Der gut markierte Weg führt steil hoch, zwischen Felsen hindurch, über Schuttkegel und lose Steine, zum Teil sind kleine Kletteraktionen nötig. Wir befinden uns unterdessen auf rund 2500 Metern über Meer. Beim steilen Aufstieg ist die Höhe zu spüren und wir müssen immer wieder kurze Verschnaufpausen einlegen.

Nach gut 45 Minuten Kraxelei haben wir den Kamm der Moräne erreicht und die Wegspur führt wieder gut sichtbar durch das letzte Grün, das sich auf dieser Höhe halten kann. Ein paar Schritte weiter passieren wir die Stelle, wo bis zum Sommer 2011 die alte Hütte stand, die schliesslich von Spezialisten der Armee gesprengt wurde. Auf uns warten nochmals gut zwanzig Minuten Aufstieg.

**Über mehrere Leitern geht es hinunter
zum Fuss des Gletschers**

Traumblick: Monte-Rosa-Gletscher und Matterhorn

Der Weg führt oben auf dem Rand der Moräne stetig weiter hoch und schlägt einen weiten Bogen. Die neue Hütte ist kurz hinter einem Bergrücken verschwunden. Wir klettern über Felsen und plötzlich ist sie ganz nah: Majestätisch steht sie auf einem kleinen Plateau. Auf der grossen Terrasse unter uns sitzen Wanderer und Bergsteiger und geniessen den Rundblick in die grandiose Bergwelt. Wir laufen die letzten Schritte hinunter zur Hütte, deponieren unsere Rucksäcke neben der Eingangstür und bestellen an der Theke ein Bier, das es hier frisch vom Fass gibt.

Später wechseln wir im Untergeschoss von unseren Wanderschuhen in die Hüttenschuhe – eine Tradition, die auch in der modernsten Hütte des SAC Bestand hat. Dann können wir das Gebäude von innen besichtigen. Der grosse Speisesaal mit der sichtbaren Holzkonstruktion beeindruckt. Er wirkt modern und traditionell zugleich. Vielleicht wegen der Schnitzereien in den Balken, die aber nicht von Hand, sondern computergesteuert von einer Maschine erstellt wurden. Eine breite Wendeltreppe führt uns hoch zu den Schlafräumen. Durch das begleitende Fensterband zieht die Bergwelt wie im Film an uns vorbei. Die Schlafräume sind schlicht gehalten und zeigen ebenfalls viel Holz. Je nach Bett geniesst man im Liegen einen direkten Blick durch die Fenster in die Berge. Auch die Sanitärräume sind einfach ausgestattet und hinter einem Vorhang sehen wir auch die Duschen, die als Novität hier eingebaut wurden, aber nur gegen einen Aufpreis benutzt werden dürfen.

**Vor lauter Eis, Schnee und Felsen ist die Hütte (links im Bild)
fast nicht zu sehen**

Blick zurück

Das restliche Hüttenleben spielt sich im gewohnten Rahmen ab. Pünktlich um halb sieben serviert die Hüttencrew das dreigängige Abendessen, danach wird gefachsimpelt, werden Karten studiert und wird gejasst. Um zehn Uhr kehrt Nachtruhe ein. Denn bereits um vier Uhr stehen die ersten Bergsteiger auf und machen sich auf den Weg zur Dufourspitze. Wir Wanderer hingegen essen erst um sieben Uhr Frühstück und machen uns danach an den Abstieg Richtung Gletscher und auf den Weg zurück zur Station Rotenboden. Immer wieder werfen wir einen Blick zurück zur Monte-Rosa-Hütte und wundern uns, dass wir sie auf dem Hinweg so lange nicht entdecken konnten.

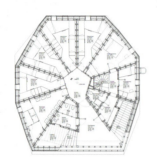
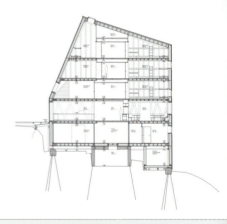

ALUMINIUMKRISTALL Der moderne Berggänger ist anspruchsvoller geworden: Statt kratziger Armeedecken und Essen aus der Dose wünscht er sich auch bei der Übernachtung im Hochgebirge Daunenduvets und frisches Gemüse. Diesem Trend versuchen die neu gebauten oder renovierten Hütten des Schweizer Alpenclubs (SAC) gerecht zu werden. Die 2009 erstellte Monte-Rosa-Hütte ob Zermatt gilt als Prototyp der modernen Bergunterkunft, versucht sie doch Komfort und Nachhaltigkeit unter einen Hut zu bringen. Entstanden ist der an einen Bergkristall erinnernde Neubau im Rahmen des 150-jährigen Jubiläums der ETH Zürich. Studierende der Architekturabteilung der Hochschule erarbeiteten grosse Teile des Projekts zusammen mit ihrem Professor Andrea Deplazes. Ziel des Projekts war eine Berghütte, die heutigen Komfort bietet, aber möglichst autark funktioniert. Die Hütte besteht aus 400 vorgefertigten Holzelementen, die mit dem Helikopter eingeflogen und montiert wurden. Als Schutzschicht dient eine dick isolierte Aluminiumhülle. Die Gäste der Hütte schlafen in einfachen Mehrbettzimmern. Gegessen wird

im Speiseraum im Erdgeschoss, dessen grosse Fenster den Blick aufs Walliser Alpenpanorama öffnen. Die aufwändige Technik für den möglichst autarken Betrieb ist in den beiden Kellergeschossen untergebracht: die hauseigene Kläranlage, die Grauwasser für die Toilettenspülung liefert, der Batterieraum zum Speichern der mit Solarzellen gewonnenen Sonnenenergie und die Tanks für das ebenfalls mit Hilfe der Sonne erwärmte Warmwasser.

Monte-Rosa-Hütte, Zermatt VS
Bauherrschaft SAC Sektion Monte Rosa, Sion VS
Art des Auftrags Direktauftrag
Architektur Bearth & Deplazes Architekten, Chur GR;
  ETH-Studio Monte Rosa, Zürich ZH
Ingenieur WGG Schnetzer Puskas Ingenieure, Basel BS (Bauingenieure);
  Holzbaubüro Reusser, Winterthur ZH (Holzbauingenieur)
Baujahr 2009
Internet www.neuemonterosahuette.ch, www.section-monte-rosa.ch

Eiger, Mönch, Jungfrau und Matterhorn

Winterwandern
im UNESCO-Weltnaturerbe

Von der Moosfluh
auf die Riederalp

T2

🕐 3 h (Winter)

⎩⎧⎭ 6,1 km

▲ 470 m

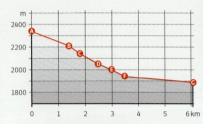

ROUTE Ⓐ Bergstation Moosfluhbahn
(2333 m) – Ⓑ Blausee (2207 m) – Ⓒ Restaurant Chüestall (2142 m) – Ⓓ Goppisbergeralp (2054 m) – Ⓔ Bettmersee
(2006 m) – Ⓕ Bettmeralp (1950 m) –
Ⓖ Talstation Moosfluhbahn (1895 m)

WANDERZEIT Ca. 3 Stunden mit 20 Metern Aufstieg und 450 Metern Abstieg

TOURENCHARAKTER T2. Einfacher,
gut ausgeschilderter Winterwanderweg mit teilweise recht steilen Abstiegen. Bei hartem Schnee ist die Route
nur für geübte Winterwanderer geeignet. Für die steilen Abstiege sind Wanderstöcke zu empfehlen

VARIANTEN Von der Goppisbergeralp
direkt zur Talstation der Moosfluhbahn oder Rückreise mit der Luftseilbahn ab Bettmeralp nach Betten

BESTE JAHRESZEIT Dezember bis
März (Öffnungszeiten des Restaurants beachten)

ANREISE/RÜCKREISE Mit dem Zug
nach Mörel, Bergfahrt mit der Luftseilbahn auf die Riederalp, von dort in
zehn Minuten zur Talstation der Moosfluh-Gondelbahn, Bergfahrt auf die
Moosfluh. Rückreise mit der Luftseilbahn von der Riederalp nach Mörel
und Weiterfahrt mit dem Zug

VERPFLEGUNG/ÜBERNACHTUNG
Zahlreiche Hotels und Restaurants
auf der Riederalp (www.riederalp.ch).
Unterwegs bietet sich eine Einkehr
im Bergrestaurant Chüestall an, dem
Architekturobjekt dieser Tour
(www.chuestall-blausee.ch)

KARTEN Landeskarte der Schweiz:
1:25 000, Blatt 169 «Aletschgletscher»; Gratiskarte «Aletscharena»
(an der Talstation der Luftseilbahn
erhältlich)

INTERNET www.riederalp.ch,
www.chuestall-blausee.ch

Zum Mittagessen in den Chüestall

Auf der Moosfluh ob Riederalp hat man beim Wandern die bekanntesten Berge der Alpen immer im Blick. Und ein paar Höhenmeter weiter unten lohnt sich eine Einkehr im modernen Bergrestaurant Chüestall.

Ein letztes Mal rattern die Rollen am Mastausleger, dann hat unsere Achter-Gondel die Bergstation der Moosfluhbahn erreicht. Skifahrer und Snowboarder drängen an uns vorbei auf die Piste. Gleich neben der Bergstation geniessen die ersten Gäste ein Bier im Liegestuhl. Uns hingegen zieht es zur anderen Seite des Bergrückens. Ein paar Schritte nur und schon öffnet sich eines der schönsten Bergpanoramen der Schweiz: Direkt zu unseren Füssen windet sich der verschneite Aletschgletscher und darüber erheben sich Jungfrau, Mönch und Eiger – kein Wunder, gehört dieses Gebiet zum UNESCO-Weltnaturerbe. Hinsetzen können wir uns leider nicht, denn die einzige Bank hier steckt tief unter dem Schnee. Wir schultern unsere Rucksäcke und folgen den violetten Markierungen des Winterwanderwegs Richtung Riederfurka. Der Weg führt sanft bergab.

Achtung, Skifahrer

Auf unserer rechten Seite haben wir immer wieder den Aletschgletscher und die Berner Alpen im Blick, zu unserer Linken öffnet sich das ganze Panorama der Walliser Alpen mit dem unverkennbaren Matterhorn und weiteren Viertausendern. Einen Blick auf so viele bekannte Berge von einem Punkt aus findet man nur selten in der Schweiz. Bald ist nur noch das Knirschen des Schnees unter den Sohlen zu hören, der Lärm der Skifahrer und Snowboarder bleibt hinter den verschneiten Hügeln zurück. Gut eine halbe Stunde sind wir auf diesem Panoramaweg unterwegs, dann zweigen wir beim Wegweiser zum Restaurant Chüestall links ab. Jetzt wird der Weg steiler und führt in Serpentinen den Hang hinunter. Plötzlich ist das Kratzen von Skiern und Snowboards auf dem Schnee zu hören und wir stehen am Rand der breiten Piste. Das Queren ist nicht ganz einfach und erfordert angesichts der schnell heranfahrenden Wintersportler viel Vorsicht.

Wir folgen weiter dem steilen Weg. Bald schon kommt das Restaurant Chüestall in Sicht, das ganz in der Nähe des Blausees liegt. Diesen können wir nur erahnen, ist er doch von einer dicken Eis- und Schneeschicht bedeckt. Ein zweites Mal müssen wir die breite Piste queren und folgen dieser anschliessend bis zur Terrasse des Restaurants. Ohne die grossen Panoramascheiben und die Gäste draussen in der Sonne würde man den Bau wirklich für einen Kuhstall halten. In der Tat war das Gebäude viele Jahre ein Unterstand für die Kühe, die hier oben den Alpsommer verbrachten. Erst 2010 erfolgte der Umbau des nicht mehr benötigten Stalls zu einem Restaurant für Wintersportler. Wir setzen uns hinter eines der grossen Fenster an einen Tisch und geniessen das Essen und die moderne Architektur, die mit den Elementen eines alpinen Stalls spielt – beispielsweise in Form der extra für das Restaurant gestalteten Lampen in der stilisierten Form einer Kuhglocke.

Kein Auto zu sehen

Nach einem Kaffee auf der Terrasse mit Blick auf das Walliser Alpenpanorama folgen wir wieder den violetten Markierungen. Bald schon schweben über unseren Köpfen die Wintersportler auf der Blausee-Sesselbahn und kurze Zeit später erreichen wir eine Wegverzweigung. Von hier könnten wir direkt zur Talstation der Gondelbahn auf die Moosfluh absteigen. Wir wählen aber den längeren Weg zur Bettmeralp. Zu unserer Linken liegt eine grosse, ebene Fläche. Darunter versteckt sich der zugefrorene Bettmersee. Kurze Zeit später tauchen die ersten Chalets der Bettmeralp auf und die Talstation der Gondelbahn, die von hier auf das Bettmerhorn führt. Gleich nach dem Sportzentrum biegen wir rechts ab und befinden uns mitten im grossen Ferienort. Wie die Riederalp ist auch die Bettmeralp autofrei. Für uns Städter ist es zuerst ungewohnt, mitten in einem grossen Dorf zu stehen und kein Auto zu sehen oder zu hören. Ganz ohne Motorfahrzeuge kommt man aber auch hier

Winterwandern hoch über dem Aletschgletscher

oben nicht aus: Von Zeit zu Zeit kreuzen uns auf dem Weg durchs Dorf Schneetöffs mit angehängten Schlitten. Sie transportieren Waren und Gepäck von der Seilbahnstation, an der die Gondel aus dem Tal hält, zu den Hotels und Chalets. Nach gut zwanzig Minuten stehen wir vor der Station selber.

Angesichts des schönen Wetters und der traumhaft verschneiten Landschaft beschliessen wir, nicht von der Bettmeralp ins Tal zu fahren, sondern auf dem Spazierweg zurück zur Riederalp zu laufen. Der meist flache Weg führt durch den schattigen, aber schönen Wald und über Lichtungen. Manchmal huscht ein Eichhörnchen vorbei. Auf einer grossen Lichtung kurz vor der Riederalp stehen moderne Mehrfamilienhäuser mit Ferienwohnungen. Eines davon stammt wie das Restaurant Chüestall aus der Feder der Briger Architekten Bürcher und Albrecht.

Zwei Kurven noch und wir stehen wieder an der Talstation der Gondelbahn auf die Moosfluh, wo wir heute Morgen gestartet sind. Nach einem kurzen Spaziergang durchs Dorf Riederalp, das einst wirklich eine kleine Alp war, erreichen wir die Seilbahnstation im Ortszentrum. Gross wurde der heutige Ferienort vor allem durch Art Furrer, der heute noch verschiedene Hotels und Häuser besitzt und durch seine Auftritte als Skiakrobat, Skilehrer für Prominente und seinen grossen Cowboyhut Bekanntheit erlangte. Nach einem Wintertag wie aus dem Bilderbuch ist es für uns nun Zeit, ins Tal zurückzukehren.

FREILAUF-RESTAURANT Bergrestaurants in Skigebieten haben in der Regel einen Charme, der irgendwo zwischen Alphütte, Partyzelt und Kantine liegt. Das Bergrestaurant Chüestall im Skigebiet oberhalb der Riederalp zeigt, dass es auch anders geht. Stünden keine Tische auf der Terrasse, würde man den Bau eher für einen modernen Kuhstall halten. Und auch im Innern dominiert die moderne Formensprache: Grosse Fenster öffnen den Blick zum Tal hin und die Einrichtung mit einfachen Holztischen und Bänken wirkt zeitgemäss. Das moderne Äussere des Restaurants mit Mauern aus Sichtbeton stammt aus den Sechzigerjahren. Damals baute die Alpkooperation hier einen neuen Freilaufstall, der in späteren Jahren wegen einer Umstrukturierung nicht mehr gebraucht wurde. Aufgrund seiner Lage in der Nähe von zwei Bergbahnen beschloss man, ihn zu einem Restaurant umzubauen. Das Projekt dazu stammt vom Briger Architekturbüro Bürcher Albrecht. Dieses hat sich in den letzten Jahren im Wallis einen Namen gemacht mit Bauten, die elegant den Spagat zwischen Tradition und Moderne schaffen.

Das gilt auch für den Chüestall. Ziel der Architekten war es, möglichst wenig an der Optik des Stalls zu verändern und trotzdem ein heutigen Ansprüchen genügendes Restaurant daraus zu machen. Das ist ihnen gelungen. Ausser der Verglasung und einem Windfang veränderten sie am Äusseren nichts.

Und auch der Gastraum präsentiert sich grösstenteils wie zu den Zeiten, als hier die Kühe noch den Komfort eines Freilaufstalls genossen.

Bergrestaurant Chüestall, Riederalp VS
Bauherrschaft Chüestall Blausee AG, Riederalp VS
Art des Auftrags Direktauftrag
Architektur Bürcher Albrecht Architekten, Brig VS
Ingenieur Anton Imhof, Grengiols VS
Baujahr 2010
Internet www.baarchitekten.ch, www.chuestall-blausee.ch

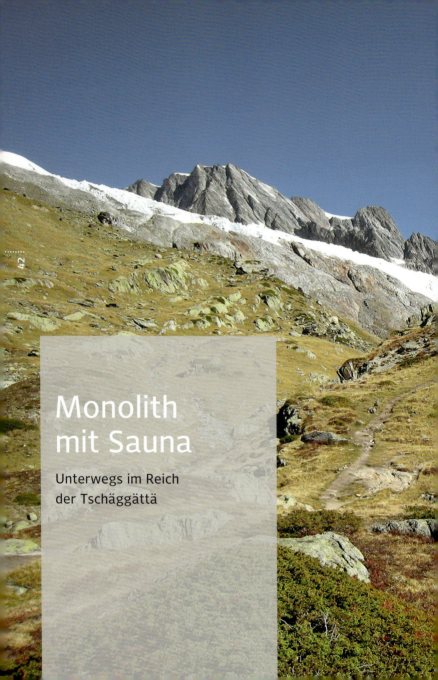

Monolith
mit Sauna

Unterwegs im Reich
der Tschäggättä

Von der Fafleralp zur Anenhütte

T2

🕐 4,5 h

└┴┴┘ 12,5 km

▲▲ 1300 m

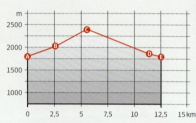

ROUTE Ⓐ Gletscherstafel (Fafleralp) (1771 m) – Ⓑ Guggisee (2007 m) – Ⓒ Anenhütte (2366 m) – Ⓓ Grundsee (1842 m) – Ⓔ Gletscherstafel (Fafleralp) (1771 m)

WANDERZEIT Ca. 4,5 Stunden mit je 650 Metern Auf- und Abstieg

TOURENCHARAKTER T2. Gut ausgeschilderter und ausgebauter Wanderweg. Der letzte Aufstieg zur Hütte ist etwas steiler. Trittsicherheit erforderlich

VARIANTE Von Wiler mit der Luftseilbahn auf die Lauchernalp. Von dort den Höhenweg entlang in ca. 2,5 Stunden auf die Fafleralp und weiter zur Anenhütte

BESTE JAHRESZEIT Anfang Juni bis Ende Oktober (Öffnungszeiten der Hütte beachten). Die schönste Jahreszeit, um das Lötschental zu erwandern, ist der Oktober, wenn die Lärchenwälder sich verfärben. Im Spätwinter kann man auch mit Tourenski zur Anenhütte aufsteigen und von dort aus weitere Skitouren unternehmen

ANREISE/RÜCKREISE Mit der Bahn nach Goppenstein, von dort mit dem Postauto nach Gletscherstafel (Fafleralp). Rückfahrt auf demselben Weg

VERPFLEGUNG/ÜBERNACHTUNG Hotel Restaurant Fafleralp auf der Fafleralp (T 027 939 14 51). Camping mit Kiosk bei Gletscherstafel. Anenhütte (www.anenhuette.ch). Diverse Hotels und Restaurants in Blatten

KARTE Landeskarte der Schweiz: 1:25 000, Blatt 1268 «Lötschental»

INTERNET www.loetschental.ch, www.anenhuette.ch

Wo die Lawine niederging

Die alte Hütte wurde Opfer einer Lawine. Dafür kann man nun auf fast 2500 Metern über Meer saunieren, die hochalpine Landschaft mit Gletschern bestaunen und anschliessend in der Suite übernachten: Diesen Luxus geniesst man in der neuen Anenhütte zuhinterst im Lötschental.

Wer kennt die Tschäggättä? Den wilden Walliser Fasnachtsbrauch, bei dem Menschen mit übergrossen, schaurigen Holzmasken und in Tierfelle gehüllt Gassen und Dörfer durchstreifen und ihre mächtigen Treicheln schwingen? Dieses Ritual lebt im Lötschental bis heute weiter, auch wenn es sich im Laufe der Zeit gewandelt hat. Früher waren es vor allem ledige Männer, die ausrückten, um allen einen Schrecken einzujagen, die sich auf die Strasse wagten. Heute – wohl nicht zuletzt, weil viele der jungen Burschen aus dem Tal abgewandert sind – verkleiden sich auch verheiratete Männer und selbst Frauen.

Verfaulte Zähne

Wir sind unterwegs zur Gletscherstafel zuhinterst im Lötschental. Durch die Postautoscheiben stieren uns die Tschäggättä-Masken von Hauswänden herab grimmig an, als wollten sie uns das Fürchten lehren. Und ein bisschen gelingt es ihnen auch – obwohl sie hier eigentlich nur als Schmuck hängen. Wir stellen uns vor, wie es früher gewesen sein muss: Man stapft in einer mondlosen Nacht alleine durch den Schnee. Plötzlich erklingt das Läuten der Treicheln, man hört das Stampfen kräftiger Füsse und glaubt, einen warmen Atem im Nacken zu spüren. Unwillkürlich erschaudern wir bei diesem Gedanken. Doch die Fasnachts- und also die Tschäggättäzeit ist noch fern und als wir aus dem Postauto steigen, empfängt uns eine Landschaft wie ein heiteres Gemälde. Gletscher und weisse Bergspitzen funkeln in der Sonne und malerische Lärchenwälder breiten sich entlang den Hängen aus.

Über herbstlich gefärbte Alpwiesen geht es zur Anenhütte;
perfektes Fotosujet und gemütliches Rastplätzchen: Guggisee

Der Postautoendpunkt Gletscherstafel selber lädt nicht zum Verweilen ein. Er besteht vor allem aus einem grossen, asphaltierten Parkplatz und einem Campingkiosk. An Wochenenden muss es hier von Wanderern wimmeln. Kein Wunder, die Schönheit des Lötschentals ist legendär. Und doch finden wir nur wenige Meter vom Parkplatz entfernt bereits das, wofür wir der Stadt entflohen sind: Ruhe. Wir brauchen nicht viel, um aufzusaugen, was die Natur uns hier an Energie und Schönheit bietet: Augen, Ohren und Zeit. Wir gehen langsam und hören unser Blut in den Adern rauschen wie das milchige Wasser der wilden Lonza unter uns. Der Gletscherbach wird vom Langgletscher gespiesen, der sich bis zur Lötschenlücke hinaufzieht. Wir lassen unseren Blick hochschweifen und erspähen bereits unser Architekturziel: die Anenhütte – ein Monolith, der auf einem Vorsprung über dem Gletscher thront. Obwohl die Hütte winzig und weit weg erscheint, verspricht uns der Wegweiser, dass die Wanderung dahin nur zwei Stunden dauert.

Es gibt zwei Varianten, zur Hütte aufzusteigen: entweder die Nordhänge entlang via Grundsee oder über die Südhänge am Guggisee vorbei. Wir entscheiden uns für die zweite Variante, denn so können wir bereits beim Aufstieg die Sonne geniessen. Während wir einen Fuss vor den anderen setzen, blicken wir über die Bäume hinweg zu den herbstlich gefärbten Wiesen, zu den Gletschern und Berggipfeln. Die weissen Schneeflächen stehen in intensivem Kontrast zu den ockerfarbenen Weiden und dem kobaltblauen Himmel. Hellgrünes Moos leuchtet von dunklen und knorrigen Lärchenstämmen und das frische Grün der Nadeln weicht langsam warmen, goldenen Farben. Noch sind es erst einzelne Tupfer, die gelb in der frühen Morgensonne leuchten. Aber bereits in ein paar Wochen werden die Lärchen in tieforanger Farbe brennen.

Plötzlich stehen wir vor Baumstümpfen, die wie schwarze, verfaulte Zähne vor uns aus dem Boden ragen. Eine Lawine hat hier vor einiger Zeit auf ihrem Weg ins Tal die Bäume wie Streichhölzer geknickt und eine breite Schneise in den Wald geschlagen. Wahrscheinlich wurden die Stämme anschliessend abgebrannt, um zu verhindern, dass sich der Borkenkäfer ausbreitet. Es gibt über 70 Lawinenzüge im Lötschental – Hangbereiche, an denen regelmässig Lawinen herunterdonnern. Bisher einmalig war dagegen der Niedergang oberhalb der Anenhütte im Winter 2007. Er riss die alte Anenhütte mit sich. Noch nie zuvor hatte es dort eine Lawine gegeben und die Lage der Hütte gilt eigentlich als sicher. Deswegen entschied man sich schliesslich, die neue Anenhütte am gleichen Standort wieder aufzubauen.

Nach einer Stunde kommen wir zum kleinen Guggisee. Wer es nicht längst getan hat, wird spätestens hier innehalten und die schöne Aussicht geniessen: auf das Lötschental und den Langgletscher, der sich wie ein ausgerollter Teppich von der Lötschenlücke talwärts streckt. Zum Baden lädt der Guggisee nicht ein. Das Wasser ist schlammig und trüb. Doch die Berggipfel spiegeln sich darin – ein perfektes Fotosujet. Vom See zieht sich der Weg den Hang entlang durch offenes Gelände voller Heidelbeeren. Sie leuchten in intensiven Blautönen. Allerdings sehen sie nach mehreren Frostnächten bereits etwas verschrumpelt aus. So erfreuen wir uns nur an ihrem Anblick und lassen sie hängen.

Kurz vor der Hütte wird der Weg etwas steiler. Ein Warnschild informiert darüber, dass es sich ab hier um einen alpinen Wanderweg handle und die Begehung nur mit Wanderschuhen möglich sei. Offensichtlich verirren sich ab und zu auch Stöckelschuhtouristen hierher. Für den Durchschnitts-Wanderer jedenfalls ist der Zustieg zur Hütte kein Problem.

Dann taucht die Anenhütte auch schon vor uns auf – ein grauer Würfel, der sich geradlinig von den zackigen Felsgraten abhebt. Vor der Hütte steht ein Brunnen aus Steinquadern, in dem wir dankbar unsere heissgelaufenen Füsse abkühlen. Das Innere der Hütte ist behaglich. Die Räume sind mit regionalem Lärchenholz getäfert. Der Essraum mit grossen Fenstern aus Panzerglas – die Hütte soll den Naturgewalten standhalten können – erlaubt einen schönen Ausblick ins Lötschental.

Die Hütte wird als autark angepriesen. Ein kleines Wasserkraftwerk liefert den Strom für die ganze Hütte. Dazu wurde ein naher Bergbach angezapft: Über ein Druckrohr und eine Fallhöhe von über 150 Metern treibt das Wasser zwei Turbinen an. Alles wird hier mit Strom betrieben: von der Heizung über den Kochherd bis zur Sauna, in der sich müde Wanderglieder entspannen können. Die Anenhütte ist zwar kein Luxushotel, aber mit Sicherheit eine Wohlfühloase der anderen Art in hochalpiner Umgebung. Auch kratzige Wolldecken und muffige Zimmer gehören hier der Vergangenheit an. Wer dem Rudelgefühl, das Alphütten unweigerlich mit sich bringen, entfliehen will, für den steht sogar ein Doppelzimmer mit eigener Dusche bereit: die spartanische Alpensuite. Bei einem feinen Walliser Teller und einem Glas Fendant geniessen wir die herrliche Aussicht von der Terrasse. Bevor wir uns an den Abstieg machen, besuchen wir noch den kleinen Anensee, der nur ein paar Gehminuten von der Hütte entfernt liegt. Im Hintergrund gleissen die weissen Ebenen der Gletscher. Als wollten sie uns daran hindern weiterzugehen, halten sie uns ihre mächtigen Randspalten klaffend entgegen.

Gletscherschmelze

Auf dem Abstieg führt der Weg über eine alte und bereits überwachsene steile Seitenmoräne des Langgletschers hinunter. Kurz bevor wir den Gletscherbach Lonza erreichen, zweigt ein alpiner Bergwanderweg zum Gletscher ab. Ein Abstecher, der sich lohnt. Über Schutt und Geröll, das der Gletscher auf seinem Rückzug liegen gelassen hat, erreichen wir in ein paar Minuten das Gletschertor, aus dem die Lonza hervorsprudelt. Ein paar Meter weiter links spannt sich eine etwa fünf Meter dicke Eisbrücke über den Bach. Im Bachbett liegen riesige Eisklumpen, die langsam vor sich hin

Mit dem Rauschen des Gletscherbachs beginnt und endet die Wanderung zur Anenhütte; wie lange diese Eisbrücke wohl noch hält?

schmelzen. Wie lange wird der Rest noch standhalten? Ein paar Wochen? Ein Jahr? Wer hier einen Moment innehält, erfährt, dass das so starr wirkende Eis in Bewegung ist – wenn auch in einer Rückwärtsbewegung. Im Minutentakt kippen Steine und Schutt über den schmelzenden Gletscherrand und türmen sich zu einem lang gezogenen Schutthaufen auf. Weitere Hinweise auf den Gletscherschwund sehen wir auch an den Südhängen des Tals. Überall in der Landschaft verteilt liegen vom Gletscher zu Rundhöckern abgeschliffene Felsen. Sie erinnern uns an halb vergrabene Schildkröten. Am Nordhang zieht sich eine mächtige Moräne dahin und dokumentiert, wie viel voluminöser der Gletscher einst gewesen ist.

Unterhalb des Gletschers breitet sich eine Auenlandschaft aus. In ihr winden sich willkürlich die Gletscherbäche. Durch diese Ebene führt der Wanderweg zurück nach Gletscherstafel. Noch einmal tauchen wir in eine warme Atmosphäre ein, die die farbigen Gräser verbreiten und noch einmal haben wir das Rauschen der Lonza im Ohr. Dann hat uns die Zivilisation wieder.

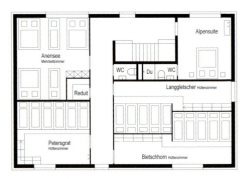

Anensee
Mehrbettzimmer

Reduit

WC   Du   WC

Alpensuite

Langgletscher Hüttenzimmer

Petersgrat
Hüttenzimmer

Bietschhorn Hüttenzimmer

LUXUSHÜTTE Auf 2400 Metern über Meer kann die Natur gnadenlos sein: Nur zwei Jahre nachdem Bergführer und Ingenieur Peter Tscherrig die Anenhütte im hintersten Lötschental gekauft hatte, wurden im Winter 2007 grosse Teile von einer Staublawine weggerissen. Tscherrig liess sich aber nicht entmutigen und beschloss, eine neue Hütte zu bauen, die ganz seinen Vorstellungen einer modernen Unterkunft in den Bergen entsprechen sollte. Basis der neuen Hütte ist ein Entwurf des Briger Architekturbüros Bürcher Albrecht, das den Architekturwettbewerb gewonnen hatte. Tscherrig und seine Frau entwickelten das Projekt weiter. Die äussere Form der Hütte, die auf einem felsigen Hügelkopf steht, gleicht einem grossen Felsblock. Die monolithische Form soll dafür sorgen, dass künftige Lawinen der Hütte nichts anhaben können. Deshalb bestehen die fassadenbündig eingelassenen Fenster aus Panzerglas und der gesamte Rohbau aus Beton. Fast 700 Kubikmeter davon wurden per Helikopter eingeflogen. Ganz im Gegensatz zum massiven Äusseren präsentieren sich die drei Geschosse im Innern: Der von Peter und Prisca Tscherrig sel-

ber entworfene Ausbau besteht grösstenteils aus heimischem Lärchenholz.
So entsteht eine vertraute Hütten-
atmosphäre, aber mit einem edleren
Touch, der durch das Angebot unter-
strichen wird: Im Kellergeschoss stehen
Duschen und eine Sauna zur Verfügung,

und wer das Zimmer nicht gerne mit
anderen Gästen teilt, kann eine der beiden Suiten buchen.

Anenhütte, Gugginalp VS
Bauherrschaft Peter und Prisca Tscherrig, Bremgarten BE
Art des Auftrags Wettbewerb (Bürcher Albrecht Architekten, Brig VS)
Architektur Peter und Prisca Tscherrig, Bremgarten BE
Ingenieur Tscherrig Partner Engineering, Raron VS; VWI Ingenieure, Brig VS
Baujahr 2008
Internet www.anenhuette.ch

Abschalten
auf dem
Jakobsweg

Wandern auf
den Spuren der Pilger

Von Huttwil nach Willisau

T1

🕐 3,5 h

〰 14,3 km

▲▲ 480 m

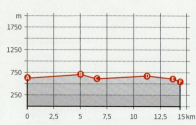

ROUTE **Ⓐ** Huttwil (640 m) – **Ⓑ** Ufhusen (717 m) – **Ⓒ** Stoss (623 m) – **Ⓓ** Olisrüti (678 m) – **Ⓔ** Gütsch (617 m) – **Ⓕ** Willisau (555 m)

WANDERZEIT Ca. 3,5 Stunden mit 200 Metern Aufstieg und 280 Metern Abstieg

TOURENCHARAKTER T1. Einfache Wanderung auf grösstenteils gut ausgebauten Wegen, einzelne Passagen sind bei Nässe heikel und machen gutes Schuhwerk empfehlenswert (Wiesen und Treppen im Wald)

VARIANTE Tour in umgekehrter Richtung absolvieren

BESTE JAHRESZEIT Ganzjährig

ANREISE/RÜCKREISE Mit dem Zug nach Huttwil, Rückreise ab Willisau mit Zug oder Bus

VERPFLEGUNG/ÜBERNACHTUNG
Diverse Restaurants und Hotels in Huttwil und Willisau. Hotel-Restaurant Mohren in Huttwil (T 062 962 20 10). Restaurant Eintracht (T 041 988 12 51) und Gasthaus Kreuz (T 041 988 14 66) in Ufhusen. Grillplätze gibt es nur ausgangs Huttwil und eingangs Willisau

KARTEN Landeskarte der Schweiz: 1:50 000, Blatt 234 «Willisau»; 1:25 000, Blätter 1129 «Sursee» und 1128 «Langenthal»; Wanderkarte: 1:50 000, Blatt 234T «Willisau»

INTERNET www.willisau-tourismus.ch

Pavillon und Willisauer Ringli

Seit Jahrhunderten sind Pilger und Freizeitwanderer auf
dem Jakobsweg nach Santiago de Compostela unterwegs.
Bei Willisau bietet ein moderner Holzpavillon den ras-
tenden Pilgern zeitgemässen Schutz vor der Witterung.

In Bern gehe alles ein bisschen langsamer, sagt der Volksmund. Das
kommt uns gelegen, weil wir heute die Hektik des Alltags hinter uns
lassen wollen. Schliesslich wandern wir auf einem Teilstück des Ja-
kobswegs, einer alten Pilgerroute. Seit Jahrhunderten machen sich
Menschen zu Fuss auf in Richtung Spanien. Die Pilgerreise an das
Grab des heiligen Jakobus in Santiago de Compostela ist eine der
bedeutendsten spirituellen Traditionen Europas. Nicht immer steht
dabei der religiöse Aspekt im Vordergrund: Viele Pilger nutzen die
Zeit zu Fuss unterwegs nach Santiago de Compostela auch, um
dem täglichen Leben eine Zeit lang den Rücken zu kehren oder
Neues zu entdecken. Nur schon der Schweizer Abschnitt des Wegs
hat für diesen Zweck genügend zu bieten, führt er doch auf histori-
schem Trassee quer durch unser Land.

Das von uns gewählte Teilstück von Huttwil nach Willisau be-
rührt nur gerade 14 der insgesamt 2300 Kilometer, ist aber dennoch
spannend. Auch wenn unser Ziel nicht Santiago de Compostela,
sondern das Altstädtchen von Willisau im Luzerner Hinterland ist,
gelingt es uns trotzdem, abzuschalten und einiges zu entdecken,
das wir bisher nicht kannten. Bei der Berner Gemütlichkeit im Emmental ist jede Hektik schnell vergessen. Wir schlendern vom Bahnhof durch das malerische Huttwil. Beim Rathaus wird uns schnell
klar, wieso Huttwil oft auch «Blumenstädtchen» genannt wird. Viele Gebäude brillieren mit ihrer Blumenpracht, so auch der historische Gasthof Mohren. Seit dem 13. Jahrhundert ist der «Mohren»
eine bedeutende Pilgerherberge. Vorbei an der klassizistischen Kirche und dem Marktbrunnen folgen wir der Wanderroute Nr. 4 Richtung Willisau. Auf dem Friedhofweg bleibt der Lärm der Haupt-
strasse allmählich zurück. Die Lastwagen, die an uns vorbeibrausen,

Ufhusen im Luzerner Hinterland

als wir die Eriswilstrasse überqueren, sollen für die nächsten Stunden die letzten sein. Wir passieren typische Berner Bauernhäuser, die mit Geranien geschmückt sind. Bimmelnde Kuhglocken unterstreichen das Bild des Emmentals, wie wir es aus Heimatfilmen kennen.

Über die Kantonsgrenze nach Luzern

Bald erreichen wir den Chammerewald, wo sich Jogger auf dem Vitaparcours abrackern. Wir überlassen die Dehnübungen den schnaufenden Sportlern und marschieren weiter durch den Wald und übers Feld. Nach kurzer Zeit gelangen wir zu einer «Pilgerstation» – einer Hinweistafel, die die Wanderer zum Denken anregen soll. Die Tafel vor uns erklärt die Bedeutung des Geldes im globalen Handel. Wenige Meter weiter überschreiten wir die Grenze zum Kanton Luzern, wo auch schon das Dorf Ufhusen von weitem grüsst. Obschon nicht mehr im Bernbiet, setzen wir unsere Wanderung nicht weniger gemütlich fort. Vorbei an neugierigen Kühen gelangen wir auf einem Trampelpfad nach einer knappen Stunde Wanderzeit zu einem gepflegten Grillplatz. Hier kann man nicht nur seinem Magen, sondern auch seinen Füssen etwas Gutes tun: Raus aus den klobigen Wanderschuhen und schon spazieren wir barfuss über die Natur-Kneipp-Strecke. Tannzapfen und Holzschnitzel kitzeln unter den Sohlen – eine Wohltat für die Füsse.

Auf dem Willisauer Gütsch geniesst man die Aussicht auf den Pilatus

Weiter geht's durch den Wald, bevor wir der Landstrasse hinauf nach Ufhusen folgen. Das kleine Dorf entzückt mit seiner im Jahre 1780 erbauten Pfarrkirche und dem herrlichen Ausblick über die sanfte Hügellandschaft bis hin zu den Berner Alpen. Wir folgen dem Wanderweg Richtung Lochmühle, der uns über eine steil abfallende Wiese hinunterführt. Die Kühe, die auf dem Feld grasen, lassen sich von uns nicht stören. Nur wir müssen achtgeben, um im unebenen Weidegelände nicht auf einem Kuhfladen auszurutschen. Im Gebiet «Stoss» hören wir zum ersten Mal wieder das Brummen von Autos. Dem entfliehen wir jedoch schnell: Bei der Wegkapelle queren wir die Strasse, laufen zwischen den Gebäuden eines idyllischen Gehöfts hindurch und schon hören wir nur noch das Geplätscher der Luthern.

Panoramablick auf den Pilatus

Erneut gilt es einen kleinen Anstieg durch den Wald und anschliessend auf der geteerten Landstrasse Richtung Stocki zu bewältigen. Kurz darauf werden wir mit einer wunderbaren Aussicht über das hügelige Emmental entschädigt. Ein Bänklein zum Verschnaufen und um das Panorama zu geniessen, suchen wir auf diesem Abschnitt aber vergebens. Deshalb wandern wir weiter, bis wir den Weiler Olisrüti erreichen. Wir durchqueren Höfe, die typischer nicht sein könnten: Die Schweizerfahne ist gehisst, die Geranien

Idyllisches Landleben in Ufhusen

blühen und das Gemüse im Garten wächst üppig. Nur die Bewacher der Höfe knurren teils wenig freundlich, sodass wir schnell vom Gedanken absehen, eine saftige Zwetschge vom Baum zu stibitzen. Aber den letzten Aufstieg schaffen wir auch ohne zusätzlichen Fruchtzucker. Querfeldein steuern wir den Gulpwald an und tauchen am linken Rand, vorbei an einem Hochsitz, in das Tannenmeer ein. Kurz darauf betreten wir die erste Lichtung und haben einen phänomenalen Ausblick auf den Luzerner Hausberg Pilatus. Immer der Wanderwegmarkierung folgend gelangen wir mitten im Wald zu unserem Architekturziel: Der Holzpavillon wurde zur 700-Jahr-Feier von Willisau im Jahr 2003 gebaut und ist eine Waldhütte der überraschenden Art. Die Wände aus Scheiterbeigen sind verwinkelt angeordnet, sodass der Übergang vom Aussen- zum Innenraum fliessend ist. Das filigrane Dach scheint förmlich über der Konstruktion zu schweben. Hier ist auch bei schlechtem Wetter ein trockenes Picknick garantiert. Und Brennholz für ein zünftiges Lagerfeuer hat es in Hülle und Fülle: Die Korporation Willisau stellt passende Scheite zur Verfügung. Nach der Besichtigung des Pavillons verlassen wir den Wald Richtung Gütsch und haben beim Gütsch-Kreuz nicht nur einen wunderbaren Blick auf das Altstädtchen von Willisau, sondern auch auf Pilatus, Rigi und die Berner Alpen. Bei klarer Sicht ist dieses Panorama atemberaubend.

Beim Abstieg nach Willisau sind es nun nicht mehr Kühe, die uns neugierig betrachten, sondern Rehe. Der Tierpark am Hang

Das Obertor im Städtchen Willisau

beim Alters- und Pflegezentrum Waldruh ist mit seinen Hirschen, Kleintieren und einem Spielplatz vor allem für die kleinen Wanderfreunde ein Highlight. Vorbei an der barocken Heiligblut-Kapelle, in der auf der bemalten Holzdecke die Geschichte der gotteslästerlichen Kartenspieler erzählt wird, betreten wir durch das Obertor die mittelalterliche Altstadt von Willisau. Die Stadt fiel 1704 einem verheerenden Brand zum Opfer. Heute präsentiert sich das schmucke Städtchen deshalb ganz im Stil des 18. Jahrhunderts. Willisau weiss mit seinen Brunnen und den zahlreichen alten Gasthausschildern zu gefallen. Zudem ist im Untertor ein Glockenspiel installiert, das mehrmals täglich eine von 40 Melodien über das Städtchen schallen lässt. Und apropos Neues entdecken: Willisau darf nicht verlassen werden, ohne sein Wahrzeichen probiert zu haben: das Willisauer Ringli, ein zwar hartes, aber sehr schmackhaftes Honig-Guetzli. So liegen uns auf dem Heimweg nicht nur die Klänge des Glockenspiels in den Ohren, sondern auch das Knacken der Ringli zwischen den Zähnen.

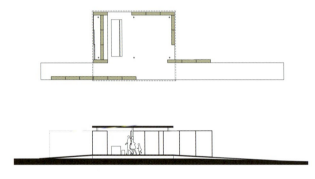

HÜTTENZAUBER Der Waldpavillon Gulpwald überrascht als erfrischende Variante der klassischen Hüttenarchitektur. Das fängt bei den Aussenwänden an: Die Architekten interpretierten das Thema neu, indem sie Holzscheite zu Wandscheiben aufschichteten und diese mit schmalen Stahlprofilen umfassten. Und auch beim Dach handelt es sich um kein typisches Hüttendach, sondern um ein filigranes Flachdach, das auf schlanken Stützen ruhend über den Wänden zu schweben scheint. Trennen und Tragen geschieht unabhängig voneinander – während die Stützen das Dach tragen, definieren die frei positionierten Wandelemente den Raum. So entsteht ein abwechslungsreiches Raumgefüge aus Nischen und offenen Bereichen, über die Innen- und Aussenraum intensiv ineinandergreifen.

Erst auf den zweiten Blick wird klar, wie stark für den Entwurf auf Vertrautes und Altbekanntes zurückgegriffen wurde: Die Pavillonwände erinnern an das im Wald gerne zu regelrechten «Wänden» aufgeschichtete Brennholz und die massive Brettstapelbauweise, die bei Boden und Decke zum Einsatz

kam, wurde bereits vor mehr als hundert Jahren überall dort angewendet, wo eine besonders grosse Tragfähigkeit gefordert war.

Da man auf Holzkonservierungsmittel verzichtete, bietet die Hütte heute einer Vielzahl von Klein-lebewesen Unterschlupf. Dank diesem durchaus erwünschten Umstand konnte die Bauaufgabe «Ort der Begegnung» gleich mehrfach erfüllt werden: Die neue Waldhütte ist beliebter Treffpunkt für Wanderer und Insekten gleichermassen.

Waldpavillon, Willisau LU
Bauherrschaft Korporation Willisau
Art des Auftrags Studienauftrag
Architektur CAS Chappuis Aregger Solèr Architekten AG,
    Luzern LU, Altdorf UR, Willisau LU
Ingenieur Wermelinger + Siegenthaler, Willisau LU
Baujahr 2003
Internet www.cas-architekten.ch

Schneeparadies über dem Vierwaldstättersee

Winterspaziergang auf der Rigi

Von Rigi Scheidegg nach Rigi Kaltbad

T1

🕐 2 h

〰 7,5 km

▲ 220 m

ROUTE Ⓐ Rigi Scheidegg (1661 m) – Ⓑ Unterstetten (1452 m) – Ⓒ Rigi First (1453 m) – Ⓓ Rigi Kaltbad (1433 m)

WANDERZEIT Ca. 2 Stunden mit 20 Metern Aufstieg und 200 Metern Abstieg

TOURENCHARAKTER T1. Einfacher Winterspaziergang auf gut präpariertem Weg

VARIANTE Die Tour kann auf derselben Strecke auch im Sommer absolviert werden

BESTE JAHRESZEIT Dezember bis März (als Winterwanderung, ansonsten ganzjährig)

ANREISE/RÜCKREISE Mit dem Zug nach Arth-Goldau. Von dort mit der Arth-Rigi-Bahn nach Kräbel und mit der Luftseilbahn hinauf nach Rigi Scheidegg. Rückreise ab Rigi Kaltbad mit der Zahnradbahn nach Vitznau und mit dem Schiff nach Luzern. Kürzer ist die Fahrt mit der Luftseilbahn nach Weggis und weiter mit dem Postauto. Alle Bahnen auf der Rigi mit Ausnahme der Luftseilbahn Kräbel–Rigi Scheidegg können mit dem Generalabonnement frei benutzt werden

VERPFLEGUNG/ÜBERNACHTUNG Zahlreiche Übernachtungsmöglichkeiten und Restaurants in Rigi Scheidegg, Rigi First und Rigi Kaltbad. Für eine Zwischenrast bietet sich das Berggasthaus Unterstetten etwas abseits des Wegs an (T 041 855 01 27)

KARTEN Landeskarte der Schweiz: 1:25 000, Blatt 151 «Rigi»; Wanderkarte: 1:25 000, Blatt 2510T «Zusammensetzung Luzern-Pilatus-Rigi»

INTERNET www.rigi.ch, www.mineralbad-rigi-kaltbad.ch

Genusstour über dem Nebelmeer

**Schon der amerikanische Buchautor Mark Twain war faszi-
niert von der Rigi. Besonders viel Spass macht das Wandern
auf der Königin der Berge im Winter – beispielsweise von Rigi
Scheidegg nach Rigi Kaltbad.**

Majestätisch erhebt sich die Rigi zwischen Vierwaldstätter- und
Zugersee. Kein Wunder, gilt sie als Königin der Berge und hat immer wieder bekannte Zeitgenossen angezogen. So berichtet beispielsweise der amerikanische Schriftsteller Mark Twain in seiner
Reiseerzählung «A Tramp Abroad» («Bummel durch Europa») über
die Besteigung des Berges. Vom Fenster unseres Zuges aus, der den
Talboden entlang Richtung Arth-Goldau unterwegs ist, sehen wir
die tief verschneite Bergspitze, während die Wiesen beidseits der
Bahnlinie auch jetzt, mitten im Winter, grün daliegen. Wir verlassen den Zug in Arth-Goldau und fahren mit der Rigi-Bahn bis nach
Kräbel. Von dort bringt uns eine kleine Luftseilbahn in sechs Minu-
ten hoch nach Rigi Scheidegg. Hier stehen wir mitten in einer
zauberhaften Winterlandschaft, Skifahrer ziehen ihre Spuren im
Schnee und auf den Terrassen der Restaurants geniessen die Gäste
Kaffee und Gipfeli in der Sonne. Schon im 19. Jahrhundert liess
man es sich hier oben gut gehen. Dort, wo heute das Restaurant
Scheidegg steht, befand sich einst ein Kurhaus mit 300 Betten.
Doch dem Haus war, wie der damaligen Zubringerbahn, wenig
Erfolg beschieden. Bereits in den Vierzigerjahren des letzten Jahrhunderts wurde das Hotel abgerissen und die Bahn demontiert. An
der Aussicht kann der Misserfolg nicht gelegen haben: Der Blick
von hier oben ist atemberaubend. Tief unten der Zuger-, der Vier-
waldstätter- und der Lauerzersee, dahinter die verschneite Inner-
schweizer Bergwelt. Eine privilegierte Lage, an der heute zahlreiche Ferienhäuser stehen. Eines davon ist unser erstes Architekturziel. Wir laufen talwärts in Richtung des Berggasthauses Burggeist.
Immer wieder kreuzen Skifahrer unseren Weg. Kurz vor Erreichen
des Gasthauses sehen wir das Ferienhaus oberhalb des Wegs. Mit

Die Rigi: Ein Paradies für Winterwanderer und Langläufer

seiner schlichten Holzfassade und den grossen Fenstern setzt es einen Kontrapunkt zu den anderen Häusern hier oben, die sich eher am klassisch alpinen Stil orientieren. Gleich wie bei den älteren Häusern ist der Panoramablick, den die Besitzer vom Sofa oder der Terrasse aus haben.

Unterwegs auf dem alten Bahntrassee

Wir laufen den Weg wieder ein Stück zurück bis zur ersten Abzweigung. Der gut gepfadete Weg folgt nun der Höhenlinie und nutzt das Trassee der 1931 eingestellten Bahn nach Rigi Kaltbad. Die knapp sieben Kilometer lange, schmalspurige Bahn mit Dampfbetrieb brachte ab 1871 Gäste und Güter von der Station der Zahnradbahn in Kaltbad auf die Scheidegg. Die Bahn galt wegen ihrer wechselseitigen Ausblicke Richtung Zuger- und Vierwaldstättersee als eine der schönsten Panoramabahnen der Schweiz. Der Weg führt über verschneite Wiesen und durch lichte Waldstücke, wo der Schnee in der Sonne langsam von den Bäumen tropft. Stützmauern und später ein kurzer Tunnel erinnern immer wieder daran, dass hier einst Züge unterwegs waren. Alle paar Minuten kreuzen uns Langläufer, denn parallel zum Winterwanderweg verläuft auch eine Loipe. Nach gut einer Stunde passieren wir die Hinweistafel zum Berggasthaus Unterstetten und bald darauf queren wir das interessanteste technische Bauwerk der Bahnlinie, den grossen Via-

Ehemalige Eisenbahnbrücke; Winterwelt über dem Nebelmeer

dukt. Mit seinen filigranen Stützen aus Stahl erinnert er ein bisschen an die Brücken in Wildwestfilmen. Auch ein Wagen der ehemaligen Bahn hat überlebt: Er steht ein Stück weiter links am Waldrand
und wird als Ferienhaus genutzt. Bald schon sehen wir das bunt
bemalte Hotel Rigi First. Zu unserer Linken öffnen sich immer wieder traumhafte Ausblicke auf den Vierwaldstättersee.

Mit der Ruhe, die uns über lange Zeit begleitet hat, ist es jetzt
vorbei. In Rigi Kaltbad herrscht mächtig Betrieb: Die Zahnrad- und
die Luftseilbahn bringen immer neue Gäste hoch in die Sonne und
den Schnee. Ein kurzer Sportzug mit einer urchig alten Lokomotive
fährt Wintersportler weiter hinauf nach Rigi Staffel, wo ein kleines
Skigebiet und mehrere Schlittelwege ihren Ausgangspunkt haben.
Wir queren das Geleise der Zahnradbahn und stehen direkt auf unserem zweiten Architekturziel: Unter unseren Füssen befindet sich
das im Sommer 2012 eröffnete Mineralbad aus der Feder des Tessiner Architekten Mario Botta. Ebenfalls von ihm entworfen wurde
das Mehrfamilienhaus mit Eigentumswohnungen, das etwas weiter talwärts steht. Durch den für Botta typisch runden Zugang gelangen wir hinunter ins Bad und geniessen das heisse Wasser, die
Dampfbäder und Saunen sowie eine gemütliche Stunde im Liegestuhl mit Blick auf das Panorama, das uns auf einem Teil der Wanderung begleitet hat. Danach fahren wir mit der altehrwürdigen
Zahnradbahn hinunter nach Vitznau und mit dem Schiff nach Luzern, wo uns das Grau des Winters im Flachland wieder hat.

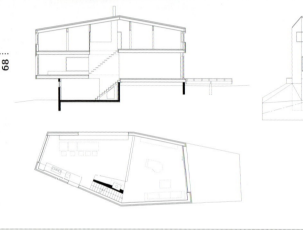

SINNLICHKEIT IN PERFEKTION Eine
seltene Mischung aus Gemütlichkeit
und grosszügiger Eleganz zeichnet dieses Ferienhaus aus. Die Zürcher Architekten Andreas Fuhrimann und Gabrielle Hächler bauen oft für Prominenz
aus der Kunstszene: Die Künstlerin Pipi-
lotti Rist gehört ebenso dazu wie der
Sammler Friedrich Christian Flick und
auch für die Kunsthalle Zürich konnten
sie bauen. Mit dem Ferienhaus auf
der Rigi Scheidegg haben sie einmal
etwas nur für sich selbst entworfen.
Das dabei entstandene helle Holzhaus
ruht auf einem massiven Betonsockel,
der das Bauwerk optisch und konstruk-
tiv sicher im abfallenden, exponierten
Terrain verankert. Unter einer Aus-
kragung nach Osten hin befindet sich
der geschützte Eingangsbereich. Im
Innern des Hauses wächst der Beton-
kamin des Cheminées mastartig vom
Keller bis nach oben – zusammen mit
einer Betonwand bildet er das stati-
sche «Rückgrat» des Hauses. Dahinter
verbinden Treppenläufe die drei Geschosse. Der gewählte polygonale
Grundriss und die Hanglage liessen
vielfältige Raumfiguren entstehen:
Im Erdgeschoss befindet sich beispiels-

weise ein grosser Wohnraum auf zwei unterschiedlichen Niveaus und mit verschiedenen Raumhöhen. Der bewusst sehr niedrig gehaltene Bereich mit der Küche erzeugt ein Raumgefühl, wie man es aus den Stuben von Berghäusern kennt. Elemente wie das fünf Meter lange, fest verglaste Panorama-fenster, das die wunderbare Aussicht wie ein Bild einzurahmen versucht, sprechen hingegen eine rein zeitgemässe Architektursprache.

Ferienhaus, Rigi Scheidegg SZ
Bauherrschaft Andreas Fuhrimann, Gabrielle Hächler, Pius Sidler
Art des Auftrags Direktauftrag
Architektur Andreas Fuhrimann Gabrielle Hächler Architekten, Zürich ZH
Ingenieur Reto Bonomo, Rüdlingen SH
Baujahr 2004
Internet www.afgh.ch

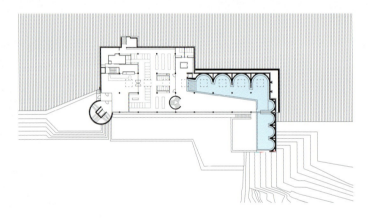

STEINERNE BADEWANNE Die segel-förmigen Fenster der Wellnessanlage des «Tschuggen Grand Hotel» in Arosa haben Mario Botta auch als Bäderarchitekten berühmt gemacht. Mit dem Mineralbad & SPA in Rigi Kaltbad hat der Tessiner Architekt ein zweites Mal sein Flair für Wellness- und Badeanlagen unter Beweis gestellt. Bottas Bad steht an einem Ort mit Tradition: Schon vor gut 600 Jahren wurde an dieser Stelle gebadet, wenn auch in kaltem Wasser, wie der Ortsname unschwer vermuten lässt. Im Gegensatz zum Aroser Bad gibt sich Bottas Wurf auf der Rigi zurückhaltend. Wie ein steinerner Riegel steht die zweistöckige Anlage längs zum Hang. Lamellen aus Stein bedecken einen Teil der Fenster und unterstreichen die schlichte Form des Baus. Auch der Zugang gibt sich diskret: Vom Dach des Gebäudes, das zugleich den Dorfplatz bildet, führen Treppe und Lift in einem einfachen Steinturm nach unten. Der Dorfplatz selbst repariert eine jahrzehntealte Lücke, die nach dem Brand des Grandhotels im Jahr 1961 entstand. Er schafft eine elegante Verbindung zwischen den Stationen der Zahnrad- und der Luftseilbahn.

Auch im Innern bleibt Botta seinem Lieblingsmaterial treu: Stein in allen Variationen. Mal grob behauen als Wandverkleidung, mal glatt als Bodenplatte oder Beckenrand. Kontraste setzen nur das Blau des Wassers und der Ausblick durch die grossen Fensterscheiben. Ein Bad, das sich nicht in Szene setzen will, sondern sich aufs Wesentliche konzentriert: das Entspannen im warmen Wasser oder in einem der Räume des SPA.

Mineralbad & SPA, Rigi Kaltbad LU
Bauherrschaft Credit Suisse Anlagestiftung Real Estate Switzerland, Zürich ZH
Art des Auftrags Direktauftrag
Architektur Mario Botta, Mendrisio TI
Ingenieur Plüss Meyer Partner, Luzern LU
Baujahr 2012
Internet www.mineralbad-rigikaltbad.ch

Luftige Tour mit alpinem Gefühl

Gipfel sammeln
für Fortgeschrittene

Vom Gemsstock
zum Gotthard Hospiz

T6

🕐 7–8 h

⊔⊔⊔ 9,8 km

▲▲ 1800 m

1 km

ROUTE Ⓐ Gemsstock (2961 m) – Ⓑ Gafallenlücke (2821 m) – Ⓒ Rothorn (2933 m) –
Ⓓ Gitziälpetlilücke (2727 m) – Ⓔ Rotstock
(2934 m) – Ⓕ Pizzo Centrale (2999 m) –
Ⓖ Gamsspitz (2925 m) – Ⓗ Gloggentürmli (2675 m) – Ⓘ Lago della Sella
(2257 m) – Ⓙ Gotthard Hospiz (2091 m)

WANDERZEIT Ca. 7 bis 8 Stunden mit
500 Metern Aufstieg und 1300 Metern
Abstieg

TOURENCHARAKTER T6. Meist weglos
und nicht markiert. Kletterstellen im
II. Grad. Alpine Erfahrung ist zwingend
nötig. Klettergurt und Seil sind zum
Absichern von Vorteil. Die Tour ist nur
für Berggänger mit Erfahrung auf
blau-weiss markierten Wegen und bei
trockenem Wetter empfehlenswert

VARIANTE Von der Gafallenlücke
durch das Tal von Guspis über
Gitziälpetli (2594 m) absteigend zur
Bachverzweigung «Im hinteren
Loch» (2361 m). Hier beginnt der

Wiederaufstieg zum Gloggentürmli.
Von dort Aufstieg über den Südwestgrat zum Pizzo Centrale (T3, ca. 5 h)

BESTE JAHRESZEIT Anfang Juli bis
Mitte Oktober

ANREISE/RÜCKREISE Mit dem Zug
nach Andermatt, von dort mit der
Bergbahn auf den Gemsstock.
Ab Gotthard Hospiz mit dem Postauto nach Airolo oder Andermatt

VERPFLEGUNG/ÜBERNACHTUNG
Diverse Restaurants in Andermatt. Mittelstation der Luftseilbahn
Gurschen. Gotthard Hospiz
(www.gotthard-hospiz.ch)

KARTEN Landeskarte der Schweiz:
1:25 000, Blätter 1231 «Urseren» und
1232 «Oberalppass»

INTERNET www.gemsstock.ch,
www.gotthard-hospiz.ch

Auf einsamer Grattour

Die einen kurven mit jaulenden Motorrädern zum Gotthard Hospiz, andere strampeln keuchend per Rennrad hoch. Wir hingegen gelangen auf einer Alpinwanderung, vorbei an etlichen Hindernissen, über einen langen Felsgrat und diverse Gipfel zur Passhöhe.

Auf dem Gemsstock auf knapp 3000 Metern betreten wir eine andere Welt. Ewiges Gletschereis breitet sich vor uns aus. Silbrige Bergflanken funkeln in der Sonne und die Vorboten des Herbstes kündigen sich bereits an: Die Luft ist kühl und kristallklar, die Fernsicht grandios. Der Gondelführer versichert uns, dass man von hier oben über 600 Berggipfel sieht. Einer davon interessiert uns besonders: der Pizzo Centrale – der höchste Gipfel auf unserer heutigen Grattour.

Bevor wir uns dorthin aufmachen, steigen wir noch die paar Stufen zur Aussichtsplattform hoch und schauen der Luftseilbahn hinterher, die wieder nach Andermatt hinunterschwirrt. Aus der Vogelperspektive können wir ausserdem dem emsigen Baugeschehen im Urserental zusehen, wo der ägyptische Investor Samih Sawiris ein riesiges Touristenresort erstellt.

Doch heute interessiert uns die Abgeschiedenheit. Und so steigen wir von der Gondelstation über Stock und Stein in die ruhige Bergwelt ab. Eine Schneedecke hat sich letzte Nacht über die Landschaft gelegt. Die blau-weissen Wegmarkierungen sind zugedeckt, doch zum Glück stecken in Sichtweite Holzpflöcke zwischen den Steinen, sodass wir den Weg trotzdem mühelos finden.

Nach einem kurzen Anstieg mit einer ersten leichten Kletterpassage über glatte Steinplatten, die mit einem Fixseil und Eisenklammern problemlos zu bewältigen sind, steigen wir über den Schwarzbachfirn in die Gafallenlücke. Hier muss man sich entscheiden: für die schwierige Grattour oder für das Guspistäli – eine blau-weiss markierte Alpinwanderung. Wir entscheiden uns für die luftige Variante, trotz des Schnees. Die Route ist ab der Gafallenlücke nicht mehr markiert, doch folgt sie einer logischen Linie: den Grat entlang. Wir müssen mehrmals die Hände zu Hilfe nehmen, um über grosse, mit Flechten bedeckte Felsen zu kraxeln und uns hochzustemmen. Nach einer halben Stunde erreichen wir das Rothorn, den ersten Zwischengipfel.

Überzuckerte Steine

Es ist still und einsam. Ausser uns ist kein Mensch unterwegs. Die einzigen Spuren im Schnee sind jene eines Schneehuhns. Unter uns blöken Schafe. Haben sie etwa Hunger, weil der Schnee ihre Futterquelle zugedeckt hat? Wir spähen hinunter, aber sie bleiben von uns unentdeckt. Direkt vor uns ragen fünf Meter hohe Gendarme aus dem Grat in den Himmel. Diese muss man jedoch nicht erklettern, sondern kann sie problemlos rechts oder links umgehen, wie die meisten Hindernisse auf dieser Tour. Allerdings sind einige der Kletterstellen ausgesetzt. So auch der Aufstieg zum nächsten Gipfel – dem Rotstock. Hier durchklettern wir eine etwa zehn Meter hohe Felswand im II. Grad. Alpinerfahrung, Trittsicherheit und Schwindelfreiheit sind deshalb zwingende Voraussetzung. Wer darüber verfügt, den wird der Grat Schritt für Schritt zur Grenze führen, an der Himmel und Fels sich vereinen. Wir fühlen uns denn auch, als berührten wir das Himmelsgewölbe. Der reine und transparente Himmel und die leichte Höhenluft, die überzuckerten Steine vor uns, die kalten und ruhigen Bergseen unter uns, die Stille und Einsamkeit – all das versprüht einen Hauch von der Melancholie arktischer Landschaften.

Durch den Feldstecher studieren wir vom Rotstock aus den Pizzo Centrale, der nun direkt vor uns liegt. Die Flanke wirkt steil, beinahe unüberwindbar. Doch wir lassen uns nicht täuschen: Wir wissen aus Erfahrung, dass das Gefälle viel stärker wirkt, wenn man Wände frontseitig betrachtet. Von der Guspislücke (P. 2833) umgehen wir den ersten Gratabschnitt rechts und steigen zu einem gezackten, gegen Westen gerichteten Seitengrat hinauf. Von dort klettern wir zum Nordwestgrat und folgen ihm in brüchigem Gestein. Rechts und links fallen die Flanken schroff ab. Noch einmal ist unsere volle Konzentration gefragt. Kurz vor dem Gipfel versperrt uns

Die Hände sind eine unerlässliche Hilfe bei dieser Grattour; imposanter Tiefblick Richtung Gotthard-Passstrasse

dann ein letztes Hindernis den Weg – ein etwa drei Meter hoher Gendarm ragt vor uns auf. Wir umgehen ihn westseitig. Wer will, kann ihn auch direkt erklettern (Schwierigkeit: II).

Dann stehen wir auf dem 2999 Meter hohen Pizzo Centrale, dem höchsten Berg des Gotthardmassivs. Bis in die Siebzigerjahre galt er als Dreitausender. Doch durch einen Felsabbruch verlor er ein Stück seines Gipfels samt Signal. Wer trotzdem Dreitausender-Luft schnuppern will, klettert auf das grosse Steinmannli, das auf dem Gipfel steht. Zwischen den aufgeschichteten Steinen verklemmt, steckt auch das Gipfelbuch. Es ist Zeuge von Menschen, die hier oben standen und sich über die atemberaubende Aussicht freuten. Eine zerklüftete Berglandschaft erstreckt sich in alle Richtungen und gibt beeindruckende Tiefblicke in drei Täler, auf unzählige Berggruppen und auf den Stausee Lago della Sella unter uns frei. Nachdem wir uns sattgesehen haben, steigen wir über den Gipfelhang, der vor allem aus Schutt und etwas Fels besteht, in den Guspissattel ab. Ein ausgetretenes Weglein verrät uns, dass der Pizzo Centrale vom Gotthardpass her oft begangen wird. Im Guspissattel angekommen, kann man entweder direkt durch das Tal von Prosette auf einem Wanderweg zum Stausee hinabsteigen oder über den Südwestgrat zum Gloggentürmli weitergehen. Wir entscheiden uns für die zweite Variante – nicht zuletzt, weil wir so die herrliche Aussicht noch länger geniessen können. Bis zum Gloggentürmli sind wir nach wie vor auf einem Alpinwanderweg unterwegs.

Das neue Gotthard Hospiz auf der Passhöhe; gut gefederter Abstieg über die moorigen Alpweiden von Prosette

Das Gloggentürmli ist ein schöner, etwa zehn Meter in die Höhe ragender Felszahn. Und genau unter ihm, gut eineinhalb Kilometer tiefer, führt der Gotthard-Eisenbahntunnel durch. Ab hier geht es auf einfacherem, rot-weissem Wanderweg zum Stausee hinunter. Die Landschaft wird mit jedem abgestiegenen Meter lieblicher und grüner. Blaue Enziane und Männertreu säumen den Weg und beschenken unsere Augen und Nasen. Mit leicht wackeligen Knien steigen wir über Alpwiesen ab. Am Ende des Stausees folgen wir einer asphaltierten Militärstrasse zum Gotthardpass. Bereits hallt der Motorenlärm der Passstrasse zu uns herauf. Und bald erblicken wir das Hospiz, unser Architekturziel. Von Westen betrachtet ragt es wie ein Kristall aus dem Boden, während es von vorne wie ein gewöhnliches Haus mit spitzem Giebel aussieht. Seine grösste Besonderheit indes liegt in seinem zeltförmigen Dach, welches das Hospiz mit der alten Kapelle darunter vereint.

Würstchenbude in Sicht

Das Hospiz ist seit Jahrhunderten der Platz für eine Rast auf einer Reise von hier nach dort. Ein Ort, der Welten zusammenführt – wie etwa die beiden Kantone Uri und Tessin. Seit dem 13. Jahrhundert wurde der Gotthardpass regelmässig überschritten – anfangs zu Fuss und auf Maultieren, dann auf Wagen und natürlich mit der berühmten Postkutsche. Der Pass war lange der wichtigste Alpenübergang zwischen Nord und Süd – nicht nur für Händler, auch für Pilger, die Rom oder das Heilige Land erreichen wollten. Dieser rege Verkehr führte zum Bau des Hospizes im Jahre 1230. Das Gebäude ist geschichtsträchtig: Es brannte mehrmals nieder und wurde sogar einmal von einer Lawine fortgerissen. Ab dem 16. Jahrhundert wurde es von Kapuzinermönchen geführt, die die Kapelle dem heiligen Godehard (Gotthard) weihten. Zuletzt geriet das Hospiz etwas in Vergessenheit, bis sich das Basler Architekturbüro Miller & Maranta dem alten Gebäude annahm und es einer umfassenden Renovierung unterzog. Nach drei Jahren Arbeit erstrahlt das Hospiz seit 2010 in neuem Glanz und neuer Form und steht nun sogar auf der Liste des «Europäischen Kulturerbes».

Wir haben noch den Duft des Männertreus in der Nase, der sich nun mit jedem Schritt, den wir uns dem Gotthardpass nähern, mit demjenigen von Bratwurst vermischt. Das Treiben auf dem Pass, wo Würstchenbuden und Souvenirshops dicht aneinandergereiht stehen, erscheint uns unwirklich, nach so viel Ruhe und Einsamkeit. Es wimmelt von Menschen und Autos. Überall klicken Fotokameras und der Motorenlärm dringt beinahe schmerzhaft in unsere Ohren. Dieses hektische Gewusel überfordert uns und wir flüchten in das Hospiz. Dort umhüllt uns eine angenehme Stille und im Zimmer schlägt uns ein intensiver Fichtenduft entgegen: Boden, Wände, Decke, Betten und Kommode – alles ist aus Fichtenholz. Die Zimmer sind ganz im Geiste der Kapuziner eingerichtet: spartanisch. Es hängt kein Bild und es gibt keinen Fernseher. Es ist eine Wohlfühloase, in der wir wieder zur Ruhe kommen. Auch manchen Künstlern diente das Hospiz als Quelle der Erholung und der Inspiration: Richard Wagner, Johann Wolfgang von Goethe oder Victor Hugo etwa. Ihnen sind auch die Zimmer gewidmet. Wir liegen im «Richard Wagner» direkt über der Kapelle. Beschützt von so viel schöpferischer Präsenz mummeln wir uns in unsere Decken und schlafen getrost ein.

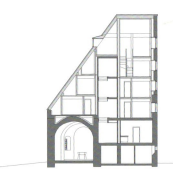

BEWEGTE GESCHICHTE Das Gebäude-ensemble auf der Gotthard-Passhöhe hat in den vergangenen 400 Jahren eine grossartige Verwandlung erfahren. Wo ursprünglich einfache Alphütten standen, findet der Reisende heute seine Unterkunft in einem architektonischen Bijou. Nach einer von vielerlei Umbauten geprägten Geschichte wurde das Alte Hospiz 2010 erneut renoviert, nach Plänen der Basler Architekten Miller & Maranta aufgestockt und zu einem Hotel umgebaut, das heutigen Ansprüchen gerecht wird. Die aneinandergebauten, früher aber als getrennt voneinander wahrgenommenen Gebäudeteile – das Hospiz und die auf der Nordseite anschliessende Kapelle – wurden im Rahmen des Umbaus unter einem einzigen grossen Dach vereint. Dennoch bleiben die unterschiedlichen Nutzungen erkennbar: Oberhalb der Kapelle ragt der alte Glockenturm aus der neuen Dachfläche heraus. Im Innern entschied man sich – abgesehen von der Kirche –, die mehr als hundert Jahre alte Raumstruktur weitgehend zurückzubauen, da sie sich für einen zeitgemässen Hotelleriebetrieb kaum eignete. Die neue Struktur aus Holz-

ständern und -bohlen hat klare Vorteile: Zum einen erlaubte die Trockenbauweise kurze Bauzeiten, was den klimatischen Verhältnissen auf dem Gotthardpass entgegenkam. Zum anderen konnte man den Bau durch die innerhalb liegende Holzkonstruktion in Verbindung mit einer auf dem bestehenden Mauerwerk aufgebrachten Dämmschicht wärmetechnisch stark aufwerten.

Umbau und Aufstockung Altes Hospiz, St. Gotthard TI
Bauherrschaft Fondazione Pro San Gottardo, Airolo TI
Art des Auftrags Studienauftrag
Architektur Miller & Maranta, Basel BS
Ingenieur Conzett Bronzini Gartmann, Chur GR
Baujahr 2010
Internet www.millermaranta.ch

Wein, Heidi
und Architektur

Unterwegs in den Bündner
Rebbergen

Von Maienfeld nach Fläsch

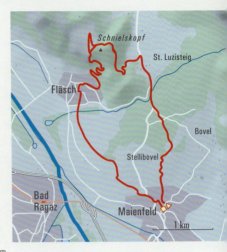

T1

🕐 2,5 h

⌇ 9,5 km

▲▲ 760 m

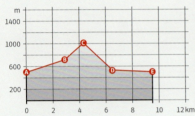

ROUTE Ⓐ Maienfeld (504 m) – Ⓑ St. Luzisteig (713 m) – Ⓒ Schnielskopf (997 m) – Ⓓ Fläsch (528 m) – Ⓔ Maienfeld (504 m)

WANDERZEIT Ca. 2,5 Stunden mit je 380 Metern Auf- und Abstieg

TOURENCHARAKTER T1. Leichte Tour auf gut ausgebauten Wegen. Einzig nach der Passhöhe St. Luzisteig ist ein kurzer, etwas steiler Anstieg zu bewältigen

VARIANTE Auf dem Rückweg zu Fuss oder mit dem Postauto ab Fläsch nach Bad Ragaz

BESTE JAHRESZEIT April bis November

ANREISE/RÜCKREISE Mit dem Zug nach/ab Maienfeld

VERPFLEGUNG/ÜBERNACHTUNG Diverse Restaurants in Maienfeld. Landgasthof St. Luzisteig (www.gasthof-luzisteig.ch). Gasthaus Adler in Fläsch (www.adlerflaesch.ch). Hotel Alpenrose in Maienfeld (T 081 302 13 25). B&B Casa Claro in Maienfeld (www.casaclaro.ch). Hotel Heidihof in Maienfeld (www.heidihof.ch)

KARTEN Landeskarte der Schweiz: 1:50 000, Blatt 237 «Walenstadt»; 1:25 000, Blatt 1155 «Sargans»; Wanderkarte: 1:50 000, Blatt 237T «Walenstadt»

BESONDERES Die Wanderung kann gut mit einem Besuch im Heididorf (www.heididorf.ch) oder in einem der zahlreichen Weinkeller in Maienfeld und Fläsch verbunden werden. Besonders lohnenswert ist eine Besichtigung des Weingutes Gantenbein

INTERNET www.maienfeld.ch, www.flaesch.ch, www.luzisteig.ch, www.heimatschutz.ch (Wakkerpreis), www.gantenbeinwein.com, www.schloss-salenegg.ch

Reben, so weit das Auge reicht

Die Bündner Herrschaft gilt als eine der schönsten Gegenden der Schweiz. Aufwarten kann das Gebiet zwischen Malans, St. Luzisteig und Fläsch nicht nur mit guten Weinen, sondern auch mit preisgekrönter Architektur.

Ein Ausruf der Entzückung muss über Heidis Lippen gekommen sein, als sie im gleichnamigen Roman von Johanna Spyri das Dorf Maienfeld erreichte. Uns zumindest entzückt der Charme der Gassen im alten Teil des Städtchens sofort. Dort auf dem Städtliplatz, wo auch das Rathaus steht, präsentiert Maienfeld seine Sonnenseite. Hier scheint die Zeit stehen geblieben zu sein. Einst nannte man Maienfeld die dritte Stadt am Rhein, nach heutiger Regelung gilt es mit seinen 2700 Einwohnern aber nur noch als Dorf. Wir beschliessen, den Charme des Orts erst einmal auf uns wirken zu lassen und nehmen im Café Rathaus Platz. Der gute Cappuccino, die sehr nette Bedienung und die heimelige Atmosphäre stimmen uns optimal auf die geplante Wanderung auf die St. Luzisteig und nach Fläsch ein. Wir geniessen unseren Kaffee und schauen zu, wie das Dorf langsam erwacht. Die Maienfelderinnen und Maienfelder schwirren durch die Gässchen und über den Platz, um dann irgendwo zwischen den Häusern zu verschwinden. Wir tun es ihnen gleich und nehmen die erste Etappe auf die St. Luzisteig unter die Füsse.

Kaum haben wir das Städtchen hinter uns gelassen, stehen wir bereits mitten in den Rebbergen. Der Weinbau ist denn auch seit Jahrhunderten der wichtigste Wirtschaftszweig Maienfelds. Die Reben zeigen sich hier schon in ihrer vollen Pracht. Ein Anblick, dem wir in den nächsten Stunden noch viele Male begegnen werden.

Rundblick über das Rheintal

Ein gepflasterter Pfad begleitet uns entlang den Reben bis zu einer Wiese mit über einem Dutzend Pferden – neben Heidi und dem Wein das dritte wichtige Thema in Maienfeld. Alljährlich im Oktober

Idyllische Felder oberhalb von Maienfeld

findet auf dem Rossriet, der wohl schönsten Rennbahn der Schweiz, ein bekanntes Pferderennen statt.

Der Weg wird jetzt steiniger und wir sind froh, Wanderschuhe angezogen zu haben. Obwohl unsere Mägen schon zu knurren beginnen, halten wir während des Aufstiegs immer wieder kurz inne und lassen die Landschaft auf uns wirken: Vor uns Reben, so weit das Auge reicht und der breite Talboden mit dem Rhein, hinter uns der 2560 Meter hohe Falknis, Maienfelds Hausberg.

Kurz bevor wir die St. Luzisteig-Passhöhe erreichen, kommt beim trockenen Bachbett des Lochrüfi sogar ein bisschen Abenteuerstimmung auf: Eine Hängebrücke führt uns auf die andere Seite. Erstellt wurde sie gemäss Hinweistafel 2007 von Lehrlingen des örtlichen Baugeschäfts Zindel.

Zehn Minuten später sind wir auf der St. Luzisteig. Nur wenige Meter entfernt liegt die Grenze zum Fürstentum Liechtenstein. Wir schlagen jedoch den Weg zum Militärmuseum St. Luzisteig ein. Das Museum ist Teil einer alten Festungsanlage, welche vierzig Jahre Heimat der Trainrekrutenschulen und -truppen der Schweizer Armee war. 2004 beschloss die Armee XXI die Abschaffung der Truppen mit den Lastpferden. Die Militärhistorische Stiftung Graubünden übernahm in der Folge das Areal und richtete darin das heutige Museum ein. Auf Voranmeldung kann die Anlage im Rahmen einer Führung besichtigt werden. Wir beschliessen, lieber zum Mittagessen im nahen Landgasthof St. Luzisteig einzukehren. Eine weise Entscheidung,

Die Hängebrücke auf dem Weg nach St. Luzisteig sorgt für Abwechslung; Blick über das Bündner Rheintal

denn der steilste Aufstieg unserer Route liegt noch vor uns. Nach der Stärkung geht es ans Eingefleischte. Ein rund 30-minütiger Aufstieg führt uns bis knapp unter den Gipfel des Schnielskopfs. Eine Anstrengung, die sich lohnt: Die Aussicht über das Rheintal, die Bündner Herrschaft und auf den Schnielskopf ist phänomenal. Wir setzen uns ein paar Meter abseits des Wanderwegs zuoberst am Rande der Klippen eine Weile auf Steinplatten und lassen das Panorama auf uns wirken.

Entsprechend schwer fällt es, uns vom schönen Anblick der Umgebung zu lösen und uns durch den Wald auf den Weg Richtung Fläsch zu machen. Der Blick gilt jetzt ganz dem Weg, denn breit wäre für diesen nämlich definitiv das falsche Wort, und ohne Konzentration würden wir wohl schneller im Tal landen als uns lieb wäre.

Zurück durch die Rebberge

Nach einem fast endlos scheinenden Abstieg im Zickzack durch den Wald empfangen uns die wunderbar offenen Felder oberhalb des Dörfchens Fläsch. Allein für diesen Anblick hätte Fläsch den Wakkerpreis verdient, der ihm 2010 verliehen wurde. Der wahre Grund dafür war jedoch die innovative Ortsplanung, dank der die Wein- und Obstgärten im Kern des Dorfs erhalten werden konnten. Wir lassen uns mitten auf den Feldern auf einem Stein nieder und lassen die Szenerie auf uns wirken. Die langsam aufkommenden dunklen Wolken zwingen uns jedoch bald zum Aufbruch. Das Dorf Fläsch scheint aus dem Nichts aufzutauchen und liegt praktisch im gleichen Atemzug bereits wieder hinter einem. Die Strasse durch das Dorf führt uns am Schulhaus von Fläsch vorbei, einem unserer beiden Architekturziele. Das vom Churer Architekten Pablo Horváth 1999 erbaute Schulhaus bildet einen interessanten Kontrast zu den restlichen, meist traditionellen Bauten im 600-Seelen-Dorf.

Auch in Fläsch sind die Reben allgegenwärtig. Sie glänzen im Sonnenlicht in den unterschiedlichsten Farben. Die bald reifen Früchte, aus denen Wein von Weltruhm gekeltert wird, werden uns den ganzen restlichen Weg zurück nach Maienfeld begleiten. Hier reiht sich Weingut an Weingut. Eines davon gehört Martha und Daniel Gantenbein und ist mit seinem markanten Ziegelbau aus dem Büro von Bearth & Deplazes unser zweites Architekturziel. Moderne und Vergangenheit liegen auch hier nahe beieinander. Nur kurze Zeit nachdem wir das Weingut der Gantenbeins hinter uns gelassen haben, treffen wir auf das altertümliche Weingut Schloss Salenegg in Maienfeld. Es ist das älteste noch bestehende in Europa. Wir sind neugierig auf Blauburgunder, Riesling-Sylvaner und wie all die Weinsorten heissen und begeben uns in den Innenhof des Schlosses. Nach einem kleinen Erkundungsrundgang setzen wir uns in eine mit Blättern überwachsene Pergola und lassen noch einmal die landschaftliche Schönheit der Bündner Herrschaft auf uns wirken. Nach kurzem Schlussspurt sind wir wieder im Dorfkern von Maienfeld. Dieses Mal setzen wir uns in den Garten des Schlosses Brandis und geniessen ein Glas Blauburgunder aus lokaler Produktion. Heidi hätte das als erwachsene Frau bestimmt auch gemacht.

Der imposante Turm dominiert Schloss Salenegg

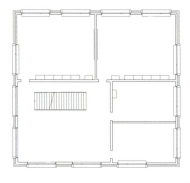

SCHULSTUBE Häuser auf Kinderzeichnungen sind einfach gebaut: Ein rechteckiger Gebäudekörper und darüber ein Giebeldach. Genauso simpel kommt auch das Primarschulhaus in Fläsch daher. Der Churer Architekt Pablo Horváth hat sich an der Formensprache der Kinder orientiert und gleichzeitig ein Gebäude geschaffen, das sich nahtlos ins preisgekrönte Fläscher Ortsbild einfügt. Auch im Innern hat der Architekt an die Kinder gedacht und die Lehrer dabei trotzdem nicht vergessen: Die Schulzimmer verfügen gleich auf zwei Seiten über grosszügige Fenster.

Die Schüler können so ins Grün rund um das Schulhaus blicken und die Lehrer haben die Möglichkeit, die Räume ganz unterschiedlich zu möblieren, anstatt die Pulte einfach frontal auf die Wandtafel auszurichten. Das kommt modernen Unterrichtsformen entgegen.
Die Schulzimmer wirken dank der Auskleidung mit Holz warm, vertraut und heimelig – fast wie traditionelle Schulstuben. Im Kontrast dazu stehen die Korridore und Treppenhäuser des dreigeschossigen Baus. Hier dominieren Sichtbeton, Terrazzoböden, Bronze und Glas. Ein Schulhaus, das nicht nur ein

Gebäude, sondern auch ein Lehrmittel ist: Es zeigt den Schülern im Massstab 1:1 mit welchen Elementen, welcher Formensprache und welchen Gegensätzen moderne Architektur spielen kann, um ein überzeugendes Ganzes zu schaffen.

Primarschulhaus, Fläsch GR
Bauherrschaft Gemeinde Fläsch GR
Art des Auftrags Wettbewerb
Architektur Pablo Horváth, Chur GR
Ingenieur Bänziger Partner, Chur GR
Baujahr 1999
Internet www.pablohorvath.ch

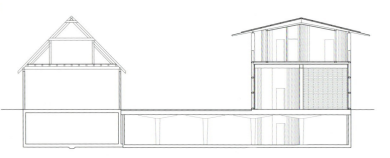

DIGITALE MAUERN Die Weine von Martha und Daniel Gantenbein aus Fläsch gehören europaweit zur Spitze. Die steigende Nachfrage nach den Weinen und Degustationen vor Ort gab Anlass für einen Erweiterungsbau. Geschaffen haben ihn die Churer Architekten Valentin Bearth, Andrea Deplazes und Daniel Ladner, die schon länger zur Elite der Bündner Architekturszene gehören. Der Neubau ergänzt die bestehenden Gebäude zu einer Hofanlage. Er ist einerseits ein Ökonomiegebäude, andererseits erfüllt er repräsentative Zwecke. Im Untergeschoss sind Lager- und Speditionsräume sowie ein Weissweinkeller untergebracht. Eindrücklich und nützlich zugleich ist die Halle im Erdgeschoss: In dem schlichten Raum stehen grosse Eichenbottiche, in denen der Wein gekeltert wird. Und noch einen Stock höher, unter dem Giebeldach, ist ein Saal untergebracht, in dem Weindegustationen oder Festanlässe Platz finden. Eigentlich eine übliche Anordnung von Räumen und Funktionen, wäre da nicht die Fassade: Sie entstand in Zusammenarbeit mit dem ETH-Lehrstuhl für Digitale Fabrikation. Die Anordnung der Klinker-

steine entstand am Computer und ein Roboter hat die Steine aufeinandergestellt und miteinander verklebt. Die so entstandenen Elemente sind äusserst präzis und hätten sich von Hand in dieser Art nicht herstellen lassen. Vor Ort montiert bilden sie ein Mauerwerk, das Schutz und Ornament in einem ist und das innen wie aussen ein interessantes Spiel von Licht und Schatten erzeugt. Ein steinerner und edler Vorhang für ein Gebäude, das in Sachen Exklusivität und Qualität den darin gekelterten Weinen ebenbürtig ist.

Weingut Gantenbein, Fläsch GR
Bauherrschaft Daniel und Martha Gantenbein, Fläsch GR
Art des Auftrags Direktauftrag
Architektur Bearth & Deplazes Architekten, Chur GR
Fassade Kollaboration mit Gramazio & Kohler, Zürich ZH
Ingenieur Jürg Buchli, Haldenstein GR
Baujahr 2008
Internet www.bearth-deplazes.ch, www.gantenbeinwein.com

Einfache Gratwanderung mit grandioser Aussicht

Dem Nebel des Unterlands entfliehen

Von Stels nach Luzein

T2

⏱ 5 h

🔽 15,1 km

🔺 2140 m

ROUTE Ⓐ Stels Mottis (1467 m) – Ⓑ Stelsersee (1668 m) – Ⓒ Sattel (1826 m) – Ⓓ Chrüz (2195 m) – Ⓔ Alpbüel (2022 m) – Ⓕ Seelein Gauiseri (1850 m) – Ⓖ Pany (1249 m) – Ⓗ Luzein (958 m)

WANDERZEIT Ca. 5 Stunden mit 740 Metern Aufstieg und 1400 Metern Abstieg

TOURENCHARAKTER T2. Einfache Wanderung auf gut ausgebauten Wegen. Der Auf- und Abstieg zum «Chrüz» ist etwas steil und erfordert Trittsicherheit

VARIANTEN Kurz nach dem «Berghaus zum See» kann man geradeaus Richtung Schaftobel abkürzen oder direkt nach Pany hinunterlaufen

BESTE JAHRESZEIT Anfang Juni bis Ende Oktober

ANREISE/RÜCKREISE Mit der Bahn nach Schiers und mit dem Postauto nach Stels.

Rückreise ab Luzein mit dem Postauto nach Küblis und weiter mit der Bahn

VERPFLEGUNG/ÜBERNACHTUNG Diverse Restaurants in Schiers und Luzein. Berghaus Mottis (www.mottis-stels.ch). Das Gasthaus «Berghaus zum See» in der Nähe der Endstation Stels Mottis ist wegen seiner Aussicht empfehlenswert (T 081 328 11 50)

KARTEN Landeskarte der Schweiz: 1:50 000, Blatt 248 «Prättigau»; 1:25 000, Blätter 1176 «Schiers» und 1177 «Serneus»; Wanderkarte: 1:50 000, Blatt 248T «Prättigau»

BESONDERES In der Nähe von Schiers steht die bekannte Salginatobelbrücke von Robert Maillart aus dem Jahr 1930. Eine gute Möglichkeit, die Brücke aus Stahlbeton zu besichtigen, bietet der «Historische Rundpfad Salginatobelbrücke»

INTERNET www.praettigau.info

Rundumsicht inklusive

Gratwanderungen sind dankbar: Nie versinkt man in einer Flanke, stets wird man von der Sonne beschienen und geniesst schöne Ausblicke. Wenn am Schluss der Wanderung noch eine architektonische Inspiration für das Eigenheim wartet, so ist das Wanderglück perfekt.

Der Fahrer des kleinen Postautos kurvt zügig und sicher die engen Kehren von Schiers nach Stels hoch. Zahlreiche Touristen quetschen sich auf den Sitzen eng nebeneinander. Das Flachland steckt unter einer zähen Nebeldecke und viele wollen wie wir in die Höhe, um Sonne zu tanken.

Und davon gibt es genug auf der Tour, die vor uns liegt. Vom Sattel oberhalb des Stelsersees verläuft der Wanderweg stets an der Sonne und immer die Gratlinie entlang bis nach Alpbüel hinunter. Zwei mächtige Berge begleiten uns auf dieser Wanderung: die Sulzfluh und die Drusenfluh. Sie zeigen sich schon kurz nach dem Abmarsch und werden bis zum höchsten Punkt der Tour, dem «Chrüz», nicht mehr aus unserem Blickfeld verschwinden.

Während wir aufsteigen, sausen Fahrer mit Helmen ausgerüstet auf Tretrollern mit Profilreifen an uns vorbei. Im Prättigau kann man nicht nur wandern, klettern und biken, sondern auch Trottinettfahren. Die Kühe auf den Weiden haben sich an diese neue Mode gewöhnt – im Gegensatz zu uns.

Wir erschrecken ab den lautlos herannahenden Trottinetts und machen wilde Sprünge, wenn eines an uns vorbeisaust. Beim «Berghaus zum See» finden wir aber wieder zur Ruhe. Das alte Holzhaus, das bereits im Jahr 1640 hier oben erbaut wurde, liegt auf einer Kuppe und bietet eine fantastische Aussicht auf die berühmten Kletterwände von Drusen- und Sulzfluh. Deren gezähnte Kalkgipfel in der Ferne überragen die weichen und grünen Hügelkuppen im Vordergrund. Es lohnt sich, hier einen Moment zu verweilen und die beinahe meditative Ruhe und Kraft der imposanten Kulisse auf sich wirken zu lassen.

**Ein grosses Steinmannli weist den Weg nach Luzein;
Stelsersee im Herbst**

Hoch zum Chrüz

Kurz nach dem Berghaus endet die Teerstrasse und ein Wanderweg
führt hinauf zum Stelsersee. Er liegt eingebettet in eine Mulde und
ist von mooriger Landschaft umgeben. Entsprechend farbig sind
die Gräser, die in herbstlichen Rosttönen leuchten.

Der Weg führt nun direkt und steil auf den Gratrücken. In der
Ferne erkennen wir bereits einige österreichische Berge. Dann ist
unsere Aufmerksamkeit von dem gefesselt, was sich unmittelbar
vor unseren Füssen präsentiert: Blau leuchten abertausende von
Heidelbeeren in Stauden mit rotverfärbtem Blattwerk. Wir bleiben
in diesem Beerengürtel hängen und schlagen uns die Bäuche mit
den erfrischenden Beeren voll. So arbeiten wir uns langsam den
Berg hoch. Zum Glück haben wir Zeit. Wir sind früh gestartet und
haben Musse, um zu verweilen und zu geniessen.

Auf dem Grat befinden sich einige kleine, kreisrunde Seelein. In
ihrer Oberfläche spiegeln sich die Wolken, die die Drusen- und die
Sulzfluh umspielen und den freien Blick auf sie an diesem Tag nicht
mehr ganz freigeben werden. Wer eine einwandfreie Rundsicht haben will, erklimmt die letzten 50 Höhenmeter auf der Gratkrete
hinauf zum «Chrüz». Andernfalls kann man dessen Westflanke un-
tendurch queren und stösst wieder auf den Wanderweg, der sich
vom Gipfel herunterzieht. Wir wollen das 360-Grad-Panorama geniessen und steigen auf den höchsten Punkt. Dort tummeln sich
bereits unzählige Wanderer, die ihr Picknick auspacken. Wir tun es

Vom Grat geniesst man einen schönen Blick zurück nach Stels

ihnen gleich. Dohlen schweben lautlos heran. Frech picken sie uns beinahe das Brot und die Wurst aus den Fingern. Ein Zeichen, dass sie an Wanderer gewöhnt sind. Kein Wunder, die Tour ist stark begangen, vor allem am Wochenende. Wer es lieber einsam mag, sollte hier besser während der Woche unterwegs sein. Doch die Rundsicht ist auch so fantastisch und unter uns sehen wir die ersten Dörfer, wohin wir nun mit vollem Magen absteigen.

Auf dem Abstieg ändert die Szenerie. Drusen- und Sulzfluh versinken hinter dem Gipfelhang, unser Blick richtet sich nun gegen Süden, wo die Gipfel bereits vom ersten Herbstschnee überzuckert sind. Vereinzelt zirpen noch Heuschrecken im ausgedorrten Gras. Doch hüpfen sie bereits etwas träge vor unseren schweren Wanderschuhen davon. Wie viele Nächte werden sie wohl der Kälte noch trotzen können? Während die Heuschrecken unser Kommen mit Stillwerden ankündigen, melden die Murmeltiere unsere Ankunft pfeifend an. Direkt vor uns rennt eines davon. Es hat so wenig Fett auf den Rippen, dass wir ein schlechtes Gewissen bekommen, es aufgescheucht zu haben. Die Kalorien, die es beim Spurt einbüsst, hätte es für den Winterschlaf bitter nötig.

Etwas anderes lässt uns ebenfalls an den Winter denken. Die Luft ist geschwängert vom Duft nach Männertreu. Die kleinen, dunkelroten Blüten des Schwarzen Kohlröschens, wie die Pflanze auch genannt wird, strömen ein betörendes Aroma nach Weihnachtsgebäck aus. Ein weiteres Indiz für die näherkommende kältere Jahreszeit ist, dass die Kühe bereits auf tiefer gelegene Weiden abgestiegen sind. Die Zäune in der Höhe wurden demontiert. Nur das kurzgefressene Gras und die unzähligen Kuhfladen erinnern daran, dass hier bis vor kurzem Vieh sömmerte.

Skilift und Schwimmbad

Unterhalb von Alpbüel endet die Krete und der Wanderweg zieht scharf nach rechts und hinunter zu einem kleinen Seelein bei Gauiseri. Wer an steiles, wegloses Gelände gewöhnt ist, kann auch direkt über die Grashänge absteigen. Allen anderen sei der Umweg über Gauiseri empfohlen.

Hier haben uns Kuh- und Schafglockengebimmel wieder. Dunkelbraune Alpställe und kleine Bächlein, die sich lieblich durch die Wiesen ziehen, machen die Idylle perfekt. Als wir wieder auf die Teerstrasse stossen, haben wir zittrige Knie. Nun wünschten wir uns eines dieser Trottinetts herbei, um die letzten eineinhalb Stunden der Wanderung angenehmer zu gestalten. Der Weg scheint nicht enden zu wollen. Beim ersten Bauernhof kaufen wir in einem kleinen Hofladen mit Selbstbedienung Valpuner Alpkäse aus der Region, um uns zu stärken. Dann atmen wir noch einmal tief durch und steigen weiter ab, vorbei an der Skiliftstation und dem Schwimmbad von Pany (auf 1300 Metern eines der höchstgelegenen Freibäder Europas). Unterhalb des Dorfs führt der Weg durch ein enges Steingässchen und über Wiesen hinunter nach Luzein. Die Kirchturmspitze kündigt den Ort an, wo auch der architektonische Höhepunkt der Wanderung steht. Wir treffen auf die Dorfstrasse und folgen ihr ein paar hundert Meter aufwärts, dann taucht es rechter Hand auf: Das Haus, das vom «Architeam 4» aus Basel konzipiert wurde, hebt sich vom Dorfbild ab. Nicht nur steht es etwas abseits in einer Wiese umgeben von Apfelbäumen. Auch seine hellen, holzigen Aussenwände mit den grossen Fensterfronten unterscheiden sich markant von den bemalten Fassaden der Bündner Steinhäuser. Und noch etwas anderes erblicken wir: Ein Trottinett, das just an der Hausmauer unseres Architekturzieles lehnt.

Wolken umspielen die Flühe und spiegeln sich im Bergsee

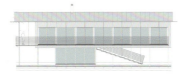

LIVING BOX Zwischen den im 17. und 18. Jahrhundert durch die Familie Sprecher von Bernegg errichteten herrschaftlichen Bauten, die das Ortsbild von Luzein prägen, sorgt ein Holzriegel für Aufsehen. Das architektonische Vorbild für diesen Neubau ist indes nicht bei den bäuerlich-aristokratischen Sprecher-Häusern zu suchen – vielmehr standen hier die Prättigauer Ställe Pate. Deren typische Merkmale wie die Stellung des Gebäudes mit der Traufseite parallel zum Hang, die lang gezogene Kubatur mit flach geneigtem Satteldach und das offene Erdgeschoss mit talseitiger Stützenreihe, aber auch die Holzschalung der Fassade finden beim Neubau – elegant übersetzt – Verwendung. Ebenerdig unter dem Haus befinden sich ein gedeckter Aussenraum sowie das Gästezimmer, ein dreiseitig verglaster Kubus mit hölzernen Schiebeläden. Eine Etage höher liegt das eigentliche Wohnhaus: ein Holzsystembau, der von der Rückwand des Gästezimmers und von Stahlstützen getragen wird. Zum Eingang gelangt man über eine mit Metallstäben am Dach aufgehängte, filigrane Stahltreppe. Im Hausinnern

wurde die rund vier Meter tiefe und 16 Meter lange Raumfolge offen gestaltet; bei Bedarf können Küche und Bad mittels Schiebetüren abgetrennt werden. Die Südhanglage mit traumhafter Aussicht ermöglichte in idealer Weise den Bau eines Passivhauses.

Während die Nordseite beinahe fensterlos ist, fängt die komplett verglaste Südfassade die Sonnenenergie ein, die in den Beton-Verbunddecken gespeichert wird und das Haus heizt.

Haus Flüeler, Luzein GR
Bauherrschaft Marianne Flüeler-Grauwiler, Zürich ZH/Luzein GR
Art des Auftrags Direktauftrag
Architektur Architeam 4, Basel BS
Ingenieur Jon Andrea Könz, Zernez GR
Holzbau ruwa holzbau, Küblis GR
Baujahr 2005
Internet www.livingbox.ch

Immer
der Sonne
entgegen

Säumerweg hoch
über der Schinschlucht

T1

🕐 2 h

📏 7,7 km

⛰ 680 m

ROUTE Ⓐ Muldain (1200 m) – Ⓑ Pleuna (1166 m) – Ⓒ Picknickplatz (1099 m) – Ⓓ Plan Funtauna (995 m) – Ⓔ Scharans (766 m)

WANDERZEIT Ca. 2 Stunden mit 110 Metern Aufstieg und 570 Metern Abstieg

TOURENCHARAKTER T1. Einfach begehbarer, breiter Weg. Mehrheitlich flach mit einem kurzen steilen Wegstück. Achtung: Der kurze Tunnelabschnitt ist stellenweise rutschig

BESTE JAHRESZEIT April bis Oktober

ANREISE/RÜCKREISE Mit dem Zug nach Thusis und weiter mit dem Postauto nach Vaz/Obervaz. Zurück ab Scharans mit dem Postauto nach Thusis und mit dem Zug weiter nach Chur

VERPFLEGUNG/ÜBERNACHTUNG Restaurant Scalottas in Scharans (www.scalottas.ch). Café Chalamandrin in Scharans (T 081 651 40 30)

HINWEIS Das Atelier Bardill ist nur freitags von 13 bis 17 Uhr geöffnet. Weitere Infos zum Atelierbesuch: www.bardill.ch

KARTEN Landeskarte der Schweiz: 1:50 000, Blatt 257 «Safiental»; 1:25 000, Blatt 1215 «Thusis»; Wanderkarte: 1:50 000, Blatt 257T «Safiental»

INTERNET www.bardill.ch, www.viamala.ch

Linard Bardill im Ohr

**Bahntrassee und Autostrasse führen heute mitten durch
die Schinschlucht. Vor dem Aufkommen der neuen Verkehrs-
mittel war der Alte Schinweg oberhalb der Schlucht ver-
kehrspolitisch eine wichtige Handelsroute. Er gewährte den
Zugang von Nordbünden ins Engadin.**

Eines vorweg: Wer überlaufene Wanderrouten satt hat, ist hier genau richtig! Auf dem ganzen Weg von Vaz bis nach Scharans oberhalb der Schinschlucht bei Thusis ist uns nicht ein Wanderer begegnet. Wir steigen an der Haltestelle «Vaz/Obervaz, Muldain» aus
dem Postauto und wandern direkt Richtung Kirche ins 1200 Meter
über Meer gelegene Dorf Muldain. Der Himmel ist wolkenlos. Das
freut uns im ersten Moment, doch die hohen Temperaturen machen uns zu schaffen. Schon beim Start zeigt das Thermometer
29 Grad an. «I singe luut wia gschpunne, i singe vo der Sunne, vom
blaue Himmelszelt und vo der wiite Welt», singt der Liedermacher,
Autor und Linksaktivist Linard Bardill – ein Soundtrack wie gemacht für unsere Tour. Doch dazu später mehr.

Von weitem hören wir Kinder planschen, sie sitzen in einem
Brunnen und spielen. Gerne würden wir uns angesichts der Hitze
dazu gesellen, doch auf uns wartet der Alte Schinweg. Bald lassen
wir die geteerten Strassen von Muldain hinter uns und wechseln
auf den gekiesten Wanderweg.

«Han Berg und Wälder gseh»

Auf unserer linken Seite geniessen wir eine wunderschöne Panora-
masicht. Auf der rechten Seite erinnert die Szenerie eher an einen
alten Western, denn eine Art Planwagen steht mitten auf der Wiese.
Wir passieren ein kleines Häuschen mit grossem Kreuz. Pleuna
heisst die kleine Anhöhe, von der aus wir einen Rundumblick haben.
Dieser reicht von Alvaschein bis Mutten. Der Weg dreht nach rechts
ab und Thusis kommt ins Blickfeld. Unter uns zieht die Kantons-

**Die Kirche beim Dorfeingang von Muldain ist bereits
der erste Hingucker**

strasse ihre Kurven durch die Schinschlucht, ebenso die Geleise der
Rhätischen Bahn, welche uns bis fast ans Ende der Route treu bleiben werden. Aber auch der Fluss Albula bleibt uns treu. Wir erfreu-
en uns an einem Schmetterling, der uns ebenfalls mehr oder weniger auf der ganzen Tour zu begleiten scheint. Es war wohl nicht
immer derselbe, aber bestimmt immer einer aus derselben Familie,
denn schwarz waren sie alle.

«Han Berg und Wälder gseh, Städt, Dörfer und no meh. Bin uf
de Wolke gfloge, unterem Rägeboge», lautet eine weitere Liedzeile
von Linard Bardill. Wir gehen meistens bergab, nur einmal überrascht uns eine kurze Gegensteigung, an der wir aufgrund der hohen Temperaturen etwas zu kämpfen haben. Beinahe entgeht uns
darum ein leichtes Surren über unseren Köpfen. Wir stehen unmittelbar unter einem grossen Strommast, das kleine Häuschen darunter, kaum grösser als ein Schuppen in einem Schrebergarten,
verliert dadurch seinen Charme. Der Mast erinnert daran, dass die
Schinschlucht auch ein wichtiger Energielieferant ist. Die Stadtzür-
cher Elektrizitätswerke produzieren hier Strom. Doch nur wenige
Meter weiter tauchen wir in ein wunderschönes Waldstück ein, wo
die Sonne durch die Bäume schimmert als wäre man im Paradies.
Die Bäume spenden Schatten und bieten einen Anblick, der zum
Anhalten und Staunen verleitet. Der richtige Ort für einen kurzen
Trinkhalt und einen Blick auf die Fauna und Flora. Von diesen zau-
berhaften Waldstücken gibt es auf der Wanderung gleich mehrere.

Der Weg über Wiesen und durch den Wald ist auch bei Bikern beliebt

Allein wegen dieser fast mystischen Abschnitte hat sich der Weg gelohnt. Vorhin noch bei John Wayne im Wilden Westen fühlen wir uns nun wie in «Herr der Ringe», jedoch mit der Gewissheit, unseren Schatz – namentlich in der Natur selbst – bereits gefunden zu haben. Weiter den gut beschilderten Weg entlangwandernd, bestaunen wir überhängende Felswände. Auf der linken Seite sind aus der Distanz nach wie vor die Kantonsstrasse und die Geleise gut zu erkennen. Der Weg ist sehr breit, oftmals geht es auf einer Seite aber steil hinunter. Wo diese Abhänge enden, ist für uns nicht ersichtlich. Gefährlich ist der Weg aber nie, denn dort wo Absturzgefahr bestehen würde, sorgen Stahlseile für Sicherheit. Und selbst nicht ganz schwindelfreie Wanderer haben hier keine Probleme.

«Rüebli gmampft»

Obwohl uns keine Wanderer begegnen, sind wir nicht alleine unterwegs. Mehrere Mountainbiker kreuzen unseren Weg. Wir überqueren ein Bächlein und stehen schon bald vor einem Tunnel. Dieser wird mit Hilfe von Solarstrom beleuchtet. Ein Bewegungsmelder schaltet das Licht immer dann ein, wenn sich Wanderer oder Biker nähern. Wenigstens für kurze Zeit können wir im Tunnel ein bisschen Abkühlung geniessen. Dafür müssen wir auf dem glitschigen Boden etwas Vorsicht walten lassen und sind froh um unsere festen Wanderschuhe. Nach nicht ganz zwei Stunden Marschzeit erreichen wir einen liebevoll gestalteten Rastplatz mit Tischen, Bänken, Feuerstelle und Toilettenkabine.

Etwas weiter wechseln wir von Kies- wieder auf Teerbelag. Erstes Zeichen dafür, dass wir bald Scharans erreichen. Kurz vor dem Dorf geniessen wir nochmals eine tolle Aussicht über das Tal. Die Weinreben erinnern uns an den letzten Urlaub im Burgund. Als wir allerdings zwei Knaben sehen, die gerade Trauben stibitzen und sich dabei in breitestem Bündner Dialekt unterhalten, ist sofort klar, wo wir uns befinden.

Ein echter Bündner ist auch der Besitzer unseres architektonischen Wanderzieles: Im Zentrum von Scharans steht das mit grossen Rosetten verkleidete Ateliergebäude von Linard Bardill, dessen Liedtexte unsere Wanderung so passend begleitet haben. Der Künstler und studierte Theologe hat mit seinen Bühnenprogrammen, Büchern und CDs zahlreiche Preise gewonnen, so etwa den Deutschen Kleinkunstpreis und den Salzburger Stier. Nicht zufällig haben wir unsere Wanderung auf einen Freitag gelegt, denn immer an diesem Tag lässt Bardill die Türen zu seinem Atelier von 13 bis 17 Uhr offen.

Nach einem Rundgang gönnen wir uns im Vorgarten des Café Chalamandrin direkt hinter dem Gemeindehaus ein Panaché (Radler). Bequem mit dem Postauto lassen wir uns von Scharans zurück nach Thusis chauffieren und fahren von da mit dem Zug weiter nach Chur. Eine Strecke, auf der uns nochmals Bardills Texte begleiten: «Han Felder gseh wo riife und Vögel ghöre pfiife, han Blueme gschmeckt im Maie und Rüebli gmampft zwei Reihe.»

**Die überhängenden Felswände verleiten
zum Anhalten und Staunen**

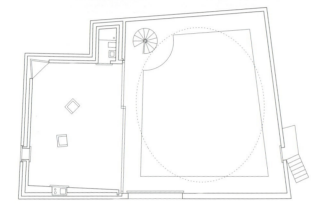

UNTERM HIMMELSZELT Der Schweizer Liedermacher und Schriftsteller Linard Bardill liess einen alten Stall zu seinem Atelierhaus umbauen. Obwohl die Bauvorschriften vorgaben, dass das bestehende Gebäude im Dorfkern von Scharans im Falle eines Neubaus als Volumen exakt nachgebildet werden müsse, geriet das Resultat äusserst unerwartet. Ein einfallsreicher Umgang mit den Vorgaben machte es möglich: Architekt Valerio Olgiati entwarf eine Art «Mauerkranz» aus rotbraun durchgefärbtem Beton, der die Aussenkanten des früheren Stalls nachzeichnet.

Die Mauern umschliessen einen grossen Hofraum und ragen in die Höhe, ohne ein richtiges Dach zu tragen. Denn dieses ist durch einen elliptisch geformten Durchbruch nach oben hin fast komplett offen. Eine Ausnahme bildet das Künstlerstudio, das auf der Nordseite des Hofs untergebracht ist – dieser siebzig Quadratmeter grosse überdachte Atelierraum besetzt aber nicht einmal ein Drittel des gesamten Volumens. Nach aussen erscheint das Atriumhaus bis auf die grosse, rechteckige Aussparung in der zum Dorfplatz hin orientierten Schaufassade fensterlos.

Für ein lebendiges Fassadenbild ist dennoch gesorgt. Um die roten Betonwände mit 150 Rosetten zu schmücken, liess Olgiati ein entsprechendes Ornament in die Schalungsbretter schnitzen.

Bei dem charaktergebenden Schmuck fehlt auch der Bezug zum Bauherrn nicht: Die Rosetten hatte der Architekt auf einer alten Truhe aus dem Besitz von Linard Bardill gefunden.

Atelierhaus Bardill, Scharans GR
Bauherrschaft Linard Bardill, Scharans GR
Art des Auftrags Direktauftrag
Architektur Valerio Olgiati, Flims GR
Ingenieur Conzett Bronzini Gartmann, Chur GR
Baujahr 2007
Internet www.olgiati.net, www.bardill.ch

Das Atelierhaus Bardill ist jeweils freitags zwischen 13 und 17 Uhr öffentlich zugänglich.

Sonnen-
terrassen
und Talgeister

Moderne Holzarchitektur
im Unterengadin

T1

🕐 3,5 h

⊔ 12,5 km

▲▲ 590 m

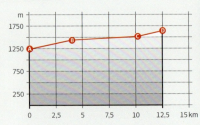

ROUTE Ⓐ Scuol (1250 m) – Ⓑ Sent (1440 m) – Ⓒ Val Sinestra (1522 m) – Ⓓ Vnà (1650 m)

WANDERZEIT Ca. 3,5 Stunden mit 500 Metern Aufstieg und 90 Metern Abstieg

TOURENCHARAKTER T1. Einfache, gut ausgebaute Wege über Felder und durch den Wald. Die Steigung vom Val Sinestra Richtung Vnà erfordert aber etwas Kondition

VARIANTE Direkter Abstieg zur Kantonsstrasse nach Ramosch (Abzweig auf dem Wanderweg zwischen Sent und Val Sinestra)

BESTE JAHRESZEIT Juni bis Oktober

ANREISE/RÜCKREISE Mit der Bahn über Landquart und durch den Vereinatunnel nach Scuol. Rückfahrt mit dem Postauto von Vnà nach Scuol und weiter mit der Bahn

VERPFLEGUNG/ÜBERNACHTUNG Zahlreiche Hotels und Restaurants in Scuol. Restaurants in Sent, im Val Sinestra und in Vnà. Hotel Val Sinestra (www.sinestra.ch). Das Hotel-Dorf Vnà bietet eine spezielle Möglichkeit zur Übernachtung am Ende der Tour (www.hotelvna.ch). Café-Pension Arina in Vnà (T 081 866 31 27)

KARTEN Landeskarte der Schweiz: 1:50 000, Blatt 249 «Tarasp»; 1:25 000, Blatt 1199 «Scuol»; Wanderkarte: 1:50 000, Blatt 249T «Tarasp»

INTERNET www.scuol.ch, www.sent-online.ch

Engadiner Leckereien im Gepäck

Sgraffiti und dicke Mauern prägen das Bild der Unterengadiner Architektur. Doch neben den traditionellen Bauten finden sich auch moderne Häuser – beispielsweise in Sent auf der Wanderung von Scuol nach Vnà.

Es schlägt sieben Uhr morgens, als wir Richtung Unterengadin aufbrechen. Weiss Gott, wir wären nicht freiwillig so früh aus den Federn gekrochen, hätten wir nicht gewusst, dass bereits die Anfahrt nach Scuol, dem Ausgangspunkt unserer Wanderung, eine längere Reise bedeutet. Es ist Herbst, die letzten Nebelschwaden verziehen sich langsam und lassen erahnen, dass uns ein herrlicher Sonnentag bevorsteht.

Nach gefühlten einhundert Kurven sowie der Fahrt auf dem Autozug durch den Vereinatunnel kommen wir um zehn Uhr im Hauptort des Unterengadins an. Scuol ist der passende Ort, um sich mit Proviant für die Wanderung einzudecken: Delikatessenläden mit Bündner Salsiz und knusprigem Brot lassen einem das Wasser im Mund zusammenlaufen. Bepackt mit Leckereien aller Art machen wir uns auf den Weg. Gleich am Start der Wanderung können wir von einer der vielen Mineralwasserquellen kosten, die sich in unmittelbarer Nähe der Route befinden. Es lohnt sich, ein paar Tropfen davon zu probieren, schon allein des speziellen, einzigartigen Geschmacks wegen. Entlang der Traumpiste – so wird die im Winter beschneite Skipiste von Scuol nach Sent genannt – wandern wir in Richtung Sent. Das Dorf wird gerne auch als Sonnenterrasse des Unterengadins bezeichnet, liegt es doch auf einem nach Süden exponierten Geländeplateau. Das Ziel ist nicht zu verfehlen: Der Turm der Sentner Dorfkirche San Lurench grüsst bereits von weitem.

Das 877-Seelen-Dorf ist schnell durchquert, trotzdem lohnt es sich, an der einen oder anderen Stelle kurz innezuhalten und die Umgebung zu geniessen sowie die verschiedenen Baustile zu

Sicht auf die Kirche San Lurench in Sent; bequemer Weg hoch über dem Unterengadiner Talboden

begutachten. Ein Argument, um stehen zu bleiben, sind auch die zahlreichen Brunnen, an denen man seinen Durst löschen kann – und natürlich die Buch- und Filmfigur «Heidi». Viele Szenen der Neuverfilmung von 2001 wurden in Sent und Umgebung gedreht. Nebst den alten Häusern im Dorf und den Heidi-Schauplätzen interessiert uns auch das vom Architekten Hans-Jörg Ruch geschaffene Wohnhaus, das leicht erhöht über dem Dorf auf einer nach Süden geneigten Terrasse steht. Vor dem Haus kommt man schnell ins Träumen – vor allem wenn man sich überlegt, wie wohl der Ausblick aus einem der Zimmer sein mag. Wir könnten noch Stunden hier verweilen, doch die Geister des Val Sinestra scheinen auf uns zu warten und schicken einen Lockruf. Wir gehorchen und ziehen weiter. Trotzdem lässt uns Sent noch nicht ganz los: Der Weg aus dem Dorf hinaus führt uns direkt an der malerischen Ruine San Peder vorbei, dem Wahrzeichen von Sent.

Kleine Schauder auf dem Rücken

Je näher wir dem Val Sinestra, einem Seitental östlich von Sent, kommen, desto kälter scheint es zu werden. Das liegt vermutlich weniger an den Geistern als vielmehr am Wald, der uns umhüllt, seit wir ins Tal abgebogen sind. Das Tal wurde 2011 von der Stiftung Schweizer Landschaftsschutz als «Landschaft des Jahres» ausgezeichnet und hat nicht gerade den besten Ruf. Spuken soll es im Val

Die Terrasse des Hotels Val Sinestra

Sinestra, oder besser gesagt im gleichnamigen Hotel. Wir sind also nicht ganz unvoreingenommen, als die Mauern des Hotels hinter den Bäumen auftauchen. Kleine Schauder laufen uns über den Rücken. Doch die Neugierde siegt und so finden wir uns, ehe wir einmal mit der Wimper gezuckt haben, im Eingangsbereich des ehemaligen Kurhauses wieder. Dunkel ist es hier drin und doch hat es einen gewissen Charme. Eine besondere Lichtquelle stellt die grosse Terrasse dar, von der man einen wunderbaren Ausblick auf die Umgebung und hinunter auf den rauschenden Wildbach La Brancla hat. Für Menschen mit Höhenangst ist der Aussichtspunkt aber nicht zu empfehlen. Nicht nehmen lassen sollte man sich aber einen Abstecher in die oberen Etagen des Hotels. Auch hier wirkt die Szenerie ein bisschen gespenstisch. Die langen, karg beleuchteten Gänge, die knarrenden Dielen und die leisen Stimmen, die durch die dünnen Zimmertüren dringen, tragen ihren Teil dazu bei. Spukerei hin oder her, hätten wir länger Zeit, wären wir sicher über Nacht geblieben, um zu sehen, ob die Geister beim Eindunkeln wirklich beginnen, ihr Unwesen zu treiben. Wir aber verlassen das Hotel und setzen unsere Tour in Richtung des Bergdorfs Vnà fort.

Unterengadiner Gastfreundschaft

Den geplanten Kaffee im Dorfrestaurant müssen wir uns aber erst noch verdienen. Der Aufstieg nach Vnà ist der steilste der ganzen

Route und so kommen wir nach weiteren 45 Minuten etwas erschöpft, aber doch glücklich im Dörfchen an. Vnà, obwohl nur gerade mal 70 Einwohner, beeindruckt uns. Die Stimmung hier am Fusse des Aussichtsbergs Piz Arina ist einzigartig. Nichts liegt näher, als uns ein paar Stunden im wärmsten Dorf des Engadins zu erholen. Gleich nachdem wir Vnà betreten haben, finden wir eine herrliche Sonnenterrasse. Diese gehört zum Café Arina, das zugleich auch ein Restaurant und eine Pension ist. In der Gastwirtschaft wird neben gutem Kaffee auch wunderbare selbstgemachte Bündner Nusstorte serviert – herrlich. Selbst Verächter von Nusstorten können da fast nicht widerstehen. Nach der kleinen Stärkung haben wir das Bedürfnis, uns kurz hinzulegen und die letzten Sonnenstrahlen dieses Herbsttages zu geniessen. Auch hier lässt uns Vnà nicht im Stich: Auf der Wiese neben dem Café stehen ein paar Liegestühle, auf denen wir einen kurzen Power Nap halten können.

Aus dem Power Nap wird schliesslich ein etwas längeres Schläfchen. Die Sonne geht schon unter, als wir uns auf den Rückweg nach Scuol machen wollen. Doch das Postauto ist vor wenigen Minuten abgefahren. Statt eine Stunde zu warten, halten wir am Dorfeingang den Daumen hoch. Die Unterengadiner scheinen sich Autostopper gewohnt zu sein: Nach kaum fünf Minuten hält das erste Auto an – leider will der Fahrer nicht nach Scuol. Doch weitere fünf Minuten später haben wir ein Auto gefunden, dessen Fahrer uns quasi als Privattaxi nach Scuol zurückchauffiert. Und während wir auf Scuol zufahren glänzen die Unterengadiner Berge im letzten Licht des Tages. Spätestens jetzt ist klar, dass wir bald wieder hierherkommen werden: A revair, Engiadina Bassa!

Der Eingang zum Dörfchen Vnà

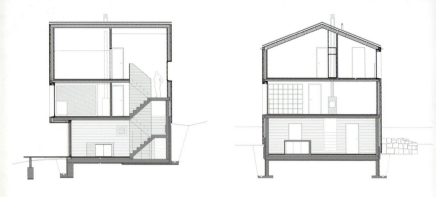

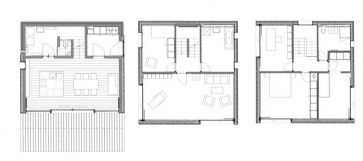

LOKAL VERANKERT Ein bisschen Holz da, ein paar Sgraffiti dort: Wenn heute im Engadin gebaut wird, dann meist in einem Stil, der sich an jenen der bestehenden Engadinerhäuser anlehnt, dabei aber oft aufgesetzte Fassade bleibt. Doch es gibt auch Beispiele dafür, dass es anders geht. Eines ist das vom St. Moritzer Architekten Hans-Jörg Ruch entworfene Einfamilienhaus in Sent. Spätestens seit dem gelungenen Anbau an das Hotel Saratz in Pontresina ist Ruch auch ausserhalb der Architektenszene ein Begriff. Für die Planung des Einfamilienhauses in Sent

hat sich Ruch intensiv und sorgfältig mit dem Ort auseinandergesetzt. Das Resultat ist ein moderner Holzbau, der sich gut in die Umgebung einpasst. Sorgfältig gewählt ist beispielsweise die Position des Hauses auf dem Grundstück. Es steht nicht einfach mittendrin, sondern am oberen Rand. So haben die Bewohner mehr Aussicht und das Haus fügt sich harmonischer in die Umgebung ein.

Eine Reminiszenz an den Ort ist die Fassade aus Lärchenholz, das überall in der Umgebung wächst. Hans-Jörg Ruch hat den Fassadenbrettern ihre ursprüng-

liche konische Form gelassen. Zusammen mit den verschieden grossen und scheinbar beliebig gesetzten Fenstern ergibt sich so ein spannendes Fassadenbild. Ein Blick ins Innere zeigt, dass die Position der Fenster sehr bewusst gewählt ist: Die einzelnen Öffnungen schaffen gezielte Ausblicke auf das Dorf und die gegenüberliegenden Berge. Wer drinnen sitzt hat das Gefühl, auf gerahmte Landschaftsfotos zu blicken – nur dass die Landschaft hinter dem Glas echt ist.

Einfamilienhaus, Sent GR
Bauherrschaft Privat
Art des Auftrags Direktauftrag
Architektur Ruch & Partner Architekten, St. Moritz GR, Mitarbeit: Heinz Inhelder, Thorsten Arzet
Ingenieur Jürg Buchli, Haldenstein GR
Baujahr 2006
Internet www.ruch-arch.ch

Ein Walfisch
in der Greina

Wo die Schweiz ein wenig
wie Tibet ist

Von Vrin nach Olivone

T2

⊘ 6,5 h und 4,5 h

╙┄┘ 15,4 km und 14,9 km

▲▲ 1680 m und 1700 m

ROUTE 1. Tag Ⓐ Vrin (1448 m) – Ⓑ Puzzatsch (1667 m) – Ⓒ Pass Diesrut (2428 m) – Ⓓ Plaun la Greina (2207 m) – Ⓔ Crap la Crusch (2268 m) – Ⓕ Capanna Motterascio (2193 m) **2. Tag** Ⓕ Capanna Motterascio (2193 m) – Ⓖ Lago di Luzzone (1606 m) – Ⓗ Compietto (1570 m) – Ⓘ Olivone (891 m)

WANDERZEIT 1. Tag ca. 6,5 Stunden mit 1200 Metern Aufstieg und 480 Metern Abstieg **2. Tag** ca. 4,5 Stunden mit 200 Metern Aufstieg und 1500 Metern Abstieg

TOURENCHARAKTER T2. Gut ausgebaute Wege. Teils recht steil

VARIANTEN Fahrt mit dem «Bus Alpin» von Vrin bis Puzzatsch (Zeitersparnis ca. 45 Minuten). Fahrt von der Staumauer Diga di Luzzone bis Olivone (Zeitersparnis ca. 2 Stunden). Fahrplan, Reservation etc.: www.busalpin.ch

BESTE JAHRESZEIT Mitte Juni bis Ende Oktober (Öffnungszeiten der Hütte beachten)

ANREISE/RÜCKREISE Mit der Bahn bis Ilanz und mit dem Postauto nach Vrin. Retour mit dem Bus von Olivone nach Biasca und weiter mit der Bahn

VERPFLEGUNG/ÜBERNACHTUNG Hotel Péz Terri in Vrin (T 081 931 12 55). Restaurant und Pension Tgamanada in Vrin (T 081 931 17 43). Capanna Motterascio (T 091 872 16 22, www.capannamotterascio.ch). Diverse Hotels und Restaurants in Olivone

KARTEN Landeskarte der Schweiz: 1:25 000, Blätter 1233 «Greina» und 1253 «Olivone»; Wanderkarte: 1:60 000, «Surselva» (Verlag Kümmerly & Frey)

INTERNET www.surselva.info, www.blenio.com, www.capannamotterascio.ch

Zu den Verrückten an der Mauer

Die Greina-Ebene liegt mitten in der Schweiz. Doch wer das Gebiet durchwandert wähnt sich eher in Tibet. Die Ebene ist karg, aber schön, unantastbar, aber einnehmend und an ihrer Südgrenze liegt mit der erweiterten Motterasciohütte unser Architekturziel.

Wind. Ohrenbetäubend bläst er über den Pass Diesrut im Bündner Oberland. Noch versteckt sich die tiefer liegende Greina-Ebene. Der Blick schweift über eine grünbraune Wiese, die im Nichts verschwindet. Ebenso gegenüber: Die Wasserläufe des Piz da Stiarls fallen über Felswände ins gleiche Loch. Ein Schlund, der alles zu verschlucken scheint. Die Riemen des Rucksacks flattern, schlagen geräuschvoll aneinander, sodass man manchmal glaubt, jemand folge dicht hinter einem.

Aber wir sind allein. Obwohl, Gesellschaft hier auf dem Pass wäre nicht verwunderlich, angesichts des übervollen Postautos, das heute Morgen in Vrin eine Horde Wanderer ausgespuckt hat. Doch der grösste Teil von ihnen läuft weit vor uns. Sie haben Vrin, das letzte Dorf im Val Lumnezia, links liegen gelassen, sind gleich losgespurtet. Schade, denn der Ort ist einen ersten Zwischenhalt wert – gerade aus architektonischer Sicht. Das Dorf erhielt 1998 den Wakkerpreis des Schweizer Heimatschutzes für eigenständiges Bauen und ist Ende 2010 auch noch mit dem Europäischen Dorferneuerungspreis für eine «ganzheitliche und nachhaltige Dorfentwicklung von herausragender Qualität» ausgezeichnet worden. Einen Besuch wert ist auch die barocke Kirche mit dem angebauten Beinhaus, wo ein vierreihiger Fries aus echten Totenschädeln an die Vergänglichkeit des Lebens erinnern soll.

Das idyllische Ortsbild mit den gut erhaltenen dunklen Holzhäusern, den roten Geranien vor den Fenstern und dem plätschernden Dorfbrunnen lässt nicht ahnen, dass Vrin noch vor knapp dreissig Jahren eine der ärmsten Gemeinden im Kanton Graubünden war. Heute hingegen kann es sich das kleine Vrin leisten, den

Das Wakkerpreis-Dörfchen Vrin; Greina-Ebene mit Wollgrasteppich

Gemeindeboden nur noch an diejenigen zu verkaufen, die bereit sind, das Grundstück mindestens 25 Jahre in ihrem Besitz zu halten. Möglich ist dies nicht zuletzt dank des sogenannten Landschaftsrappens. Davon später.

Der Kampf um die Greina

Schon während des Aufstiegs zum Pass Diesrut brennt die Sonne gnadenlos. Von Vrin führt der Weg die rechte Talflanke hinauf, vorbei an Gaden, aus denen es nach frisch eingebrachtem Heu duftet. Die Häuser von Puzzatsch, der letzten Siedlung im Val Lumnezia, werden immer kleiner, das Panorama immer weiter. Nach Schatten sucht man vergebens – umso erfrischender ist der Wind, der auf dem Pass bläst.

Mit jedem Schritt weg von der Passhöhe schwächt sich der Wind bereits wieder ab und bald öffnet sich der Blick hinunter auf die Greina-Ebene. Eine erhabene Fläche mit majestätischem Charisma: Wie eine Königin wird die Greina von den umliegenden Gipfeln von der Aussenwelt abgeschirmt. Ruhig, menschenleer und unantastbar scheint sie von hier oben. Selbst die Steinbrocken der diversen Felsstürze haben sich offensichtlich nicht bis in die Ebene vorgewagt. Einzig der Rein da Sumvitg schlängelt sich in vielen Flussarmen glitzernd durch die dunkelgrüne Graslandschaft. Und am Rand des Hochtals erhebt sich der Muot la Greina. Wie der Rü-

Mäandrierender Rein da Sumvitg

cken eines riesigen Wals, der behäbig und doch elegant ins Meer der Greina abtaucht, sticht dieser Hügel aus dem Flachen empor.

Auch wenn die Ebene überflutet worden wäre, hätte sich der mächtige Walrücken noch gut 100 Meter über die Wasseroberfläche erhoben. Unten, am Fuss des Muot la Greina, wo sich der Rein da Sumvitg das erste Mal über Felsstufen aus der ruhigen Ebene in die Tiefe stürzt, hätte in den Neunzigerjahren die 80 Meter hohe Betonmauer des Greina-Stausees zu stehen kommen sollen. Doch David nahm den Kampf gegen Goliath auf. Beziehungsweise Naturschützer und Idealisten jenen gegen die vereinten Kräfte des Kraftwerk-Konsortiums bestehend aus der NOK Baden und den Rhätischen Werken Thusis. Die Konzession zur Nutzung der Greina-Ebene hatte Goliath von den Gemeinden Vrin und Sumvitg bereits seit 1958 in der Tasche. Auf die beträchtlichen Einnahmen aus den Wasserzinsen angewiesen, hatten die finanzschwachen Gemeinden ihr Land damals geopfert.

Daher verwundert es wenig, dass der Protest gegen das Stausee-Projekt nicht aus den eigenen Reihen kam. Naturverbundene Politiker aus Appenzell und Zürich beispielsweise oder gar ein Künstler aus England setzten sich für die Greina ein. Anfang der Achtzigerjahre wurden die Aktionen zur Rettung der Hochebene lanciert und im November 1986 entschied sich das Kraftwerk-Konsortium schliesslich, auf das Projekt zu verzichten. Vrin und Sumvitg standen in finanzieller Hinsicht plötzlich wie der Esel am Berg:

Die grüne Ebene – ein Paradies für Wanderer

Zukünftige jährliche Einnahmen von geschätzt einer Million Franken waren damit weggespült. Daher wurde der sogenannte Landschaftsrappen lanciert: eine Ausgleichszahlung vom Bund für entgangene Wasserzinsen. 1996 wurde ein Betrag festgelegt. Seither erhalten der Kanton jährlich knapp 270 000 und die beiden Gemeinden gut 530 000 Franken für eine Dauer von mindestens 40 Jahren.

Das traurige Rindvieh

Der Rein da Sumvitg gurgelt ruhig durch die Greina und am Fuss des Piz Zamuor werden blökende Schafe von zwei Hirtenhunden an den richtigen Ort gebellt. Tau perlt an den Grashalmen, den silbernen Kratzdisteln, dem blauvioletten Eisenhut und dem weissen arktischen Wollgras. Das raue Klima setzt der Vegetation Grenzen. Darum wird die Greina oft mit der Landschaft der Ostküste Grönlands verglichen. Oder mit der Tundra von Lappland … und nicht zuletzt mit Tibet. Die Schönheit der Greina ist leise und viele der geschützten, seltenen Pflanzenarten sind oft nur für den Blick eines Experten erkennbar. Wild, wie oft geschrieben, ist die Greina nicht. Sie ist ursprünglich. Der Schrei eines Murmeltiers gellt über die Ebene und ein Rind, das hinkt und seine Herde verloren hat, muht herzerweichend. Wenig später stehen wir auf dem Crap la Crusch, der Wasserscheide, von welcher das Wasser nördlich Rich-

Viel Luft unter den Füssen – ein Kletterer an der Staumauer des Lago di Luzzone

tung Rhein und südlich Richtung Po fliesst. Nun befinden wir uns auf der Alpensüdseite, im Tessin. Bevor wir uns in unserem architektonischen Ziel, der 2006 durch einen Holzbau mit Kupferfassade erweiterten Motterasciohütte, gemütlich für die Nacht einrichten, machen wir noch einen Halt bei der gleich darüberliegenden Alpe di Motterascio.

Mit Giovanni Boggini stehen wir vor einem grossen Bottich mit dampfender Molke. Seit 24 Jahren ist der 43-Jährige Käser und seit 20 Jahren hier auf der Alpe di Motterascio. Sein rezenter Greina-Käse ist gefragt, denn der bleibt den ganzen Winter auf der Alp. Käse, der so lange gereift sei, gebe es nur noch selten, erklärt Boggini. Jetzt müsse er noch in die Greina hoch, verabschiedet er sich entschuldigend. Eines seiner Rinder sei krank: Es habe eine Infektion an den Klauen.

Die Verrückten an der Mauer

Nach dem Morgenessen im neuen Speisesaal mit Panoramafenstern verabschieden wir uns vom Hüttenwartpaar Emilio und Ornella Schneidt. Steil windet sich der Weg 500 Höhenmeter hinunter zum Stausee, dem Lago di Luzzone. Unten angekommen verläuft der Pfad hart an der steilen Flanke eines schmalen Tals. Fünfzig Meter senkrecht unter uns funkelt tiefblau ein Arm des Luzzone-Sees. Weiter das Wasser entlang befinden wir uns offensichtlich auf dem Weg zurück in die Zivilisation: vorbei an geparkten Autos, Wasserfällen, Betonmischern, grün schimmernden Buchten und Pressluftgeneratoren bis oben an die 208 Meter hohe Staumauer. Mitten in dieser imposanten Betonwand kleben zwei kleine Gestalten, die sich an farbigen Griffen nach oben hangeln – dorthin, wo die Wand immer überhängender wird. Die Spur der kleinen Griffe zieht sich bis zuoberst an die Staumauerkrone: Dies ist die längste künstliche Kletterroute der Welt.

Und wir sind definitiv zurück aus Tibet, aus der Greina mit ihrer unaufdringlichen Schönheit – zurück in der lauten Welt der Superlative und des Betons.

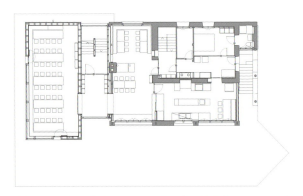

SCHWARZES ENERGIEBÜNDEL Die wachsende Beliebtheit der Greina-Ebene bei Wanderern verlangte nach einer grösseren Berghütte. Der Eingriff von Nicola Baserga und Christian Mozzetti ist bereits die dritte Erweiterung seit der Inbetriebnahme der «Motterascio Michela» in den Sechzigerjahren. Durch den jüngsten Anbau konnte das Angebot an Schlafplätzen auf 72 aufgestockt werden. Sich für eine Konstruktion aus vorgefertigten Holzelementen zu entscheiden hatte simple Gründe: Die schwierige Zufahrt zur Baustelle einerseits, eine gewünschte kurze Montagezeit andererseits. Mit dem Helikopter wurden die Elemente auf die Baustelle geflogen und dort innerhalb eines einzigen Tages zu einem schlichten Kubus zusammengesetzt. Die Kupferfassade des Neubaus verspricht den extremen Witterungsverhältnissen dauerhaft standzuhalten. Dass Oxidation bereits eine braunschwarze Färbung des Blechs verursachte, haben die Architekten durchaus miteingeplant. Und zwar nicht nur aus ästhetischen Gründen, sondern vor allem auch, weil die dunkle Farbe die passive Nutzung der Sonnenenergie

unterstützt. Für einen sinnvollen
Umgang mit Energie stehen auch die
eingesetzten Photovoltaikelemente
und die kleinen Fensteröffnungen in
den nach Westen ausgerichteten
Schlafzimmern. Dafür konnte die Verglasung im Speisesaal im ersten Ober-
geschoss nicht grosszügig genug aus-

fallen: Zur Sonnenseite hin orientiert,
ermöglicht ein über Eck verlaufendes,
riesiges Panoramafenster herrliche
Ausblicke auf die Alpen.

Motterasciohütte, Blenio TI
Bauherrschaft Club Alpino Svizzero Sezione Ticino, Lugano TI
Art des Auftrags Wettbewerb
Architektur Baserga Mozzetti Architetti, Muralto TI
Ingenieur Ruprecht Ingegneria, Capriasca-Tesserete TI
Baujahr 2005
Internet www.basergamozzetti.ch

Auf den Spuren eines Bündner Klischees

Von Bruthitze, Bächen und viel Blech

Von Tenigerbad nach Pardé

T3

🕐 5,5 h und 3,5 h

‿‿ 12,8 km und 8,9 km

▲ 1500 m und 1600 m

ROUTE 1. Tag Ⓐ Tenigerbad (1305 m) – Ⓑ P. 1779 (1779 m) – Ⓒ Alp Rentiert Dadens (1964 m) – Ⓓ Alp Stavelatsch (2327 m) – Ⓔ Medelserhütte (2524 m) **2. Tag** Ⓔ Medelserhütte (2524 m) – Ⓕ Alp Sura (1982 m) – Ⓖ Fuorcla dalla Buora (2292 m) – Ⓗ Alp Puzzetta (1861 m) – Ⓘ Pardé (1400 m)

WANDERZEIT 1. Tag ca. 5,5 Stunden mit 1400 m Aufstieg und 100 m Abstieg **2. Tag** ca. 3,5 Stunden mit 300 m Aufstieg und 1300 m Abstieg

TOURENCHARAKTER T3. Die Geröllfelder erfordern gute Trittsicherheit und Balance

VARIANTEN Über Alp Vallesa und Fuorcla da Stavelatsch zur Alp Stavelatsch und auf der Normalroute weiter bis zur Medelserhütte

BESTE JAHRESZEIT Anfang Juni bis Mitte Oktober (Öffnungszeiten der Hütte beachten)

ANREISE/RÜCKREISE Mit der Bahn bis Rabius-Surrein, von dort nach Tenigerbad: am Wochenende mit dem Kleinbus, unter der Woche mit dem Ruftaxi (50 Franken, T 079 357 85 74). Retour ab Pardé mit dem Bus nach Disentis und weiter mit der Bahn

VERPFLEGUNG/ÜBERNACHTUNG Bahnhofsrestaurant Rabius. Diverse Einkehrmöglichkeiten in Fuorns. Übernachtungsmöglichkeiten in der Pension von Erna Cathomas (T 081 943 11 96) kurz vor Tenigerbad und in der Medelserhütte (www.medelserhuette.ch)

KARTEN Landeskarte der Schweiz: 1:50 000, Blatt 256 «Disentis»; 1:25 000, Blätter 1213 «Trun» und 1233 «Greina»; Wanderkarte: 1:50 000, Blatt 256T «Disentis»

INTERNET www.bergwaldprojekt.ch, www.medelserhuette.ch

Kuchenparadies auf 2500 Metern

Wer die zweitägige Wanderung vom ehemaligen Kurort Teniger-bad über die Medelserhütte zur Ziegenalp Puzzetta auf sich nimmt, wird gleich zweifach belohnt: zum einen kulinarisch und zum anderen architektonisch.

Knapp sechs Stunden soll die Wanderung von Tenigerbad über die Alp Rentiert Dadens bis zur Medelserhütte dauern. Das zumindest sagen die Wegweiser. Doch wir sind im Bündnerland. Und was die Zeitangaben auf Wegweisern angeht, haften jedem Kanton seine Klischees an. Die Berner Zeiten gelten als lahm, die Tessiner als willkürlich und die Bündner als sadistisch. Und da es schon Mittag ist und wir wissen, dass das Abendessen in der Hütte um halb sieben serviert wird, laufen wir in zügigem Tempo los.

Das Warm-up startet bereits auf den ersten Metern. In steilen Kehren geht es von Tenigerbad hoch hinauf bis zur Baumgrenze. Kein Lüftchen regt sich – es herrscht eine Bruthitze. Rechts und links hören wir Bäche rauschen. Doch sie sind zu weit weg, als dass sie uns Abkühlung versprechen könnten.

Der Wanderweg führt abwechslungsweise über einen ausgetretenen Pfad und ein Schottersträsschen. Wo es endet, verzweigt sich der Weg. Wer will, kann die lange und anspruchsvollere Variante über die Alp Vallesa in Angriff nehmen. Wir wählen den kürzeren Weg über die Alp Rentiert, weil man auf dieser Route einen schöneren Fernblick geniesst und weil wir nicht mit leerem Magen ins Bett wollen.

Bad im Bergbach

Nach 600 Höhenmetern erreichen wir die Baumgrenze. Es folgt eine Entlastungssequenz den Höhenlinien entlang, die bis zur Alp Rentiert führt. Kräftig grüner Farn und Erlenbüsche wechseln sich ab. Wacholdersträuche verströmen ihren unverkennbaren Duft durch

Der Weg zur Medelserhütte ist gut markiert – manchmal sogar doppelt; Steinmannli präsentieren sich als Hüter des Tals

die flimmernde Luft. Auf dem Höhenweg hat man eine gute Sicht auf Tenigerbad, früher ein bekannter Kurort. Vor 100 Jahren pilgerten die Leute in Scharen dorthin. In den Siebzigerjahren riss man das alte Gebäude ab und baute das Bad komplett neu auf. Doch die finanziellen Erwartungen der Betreiber wurden enttäuscht. Nach nur drei Betriebsjahren mussten sie die Anlagen 1977 schliessen – seither liegt das Bad still.

Wir hingegen kommen zu unserer langersehnten Erfrischung. Ein Bach kreuzt den Wanderweg und wir lassen uns dankbar an seinem Ufer nieder. Wasserbecken mit klarem, kaltem Wasser ermutigen uns sogar zu einer Ganzkörperabkühlung. Auch den Fröschen ist es zu heiss. Sie tummeln sich in Scharen um das kühle Nass und hüpfen nur widerwillig vor unseren Füssen davon. Erquickt machen wir uns auf den Weiterweg.

Placken kündigen die Alp Rentiert Dadens an. Dieses Unkraut spriesst typischerweise in der Nähe von Alpen und ist ein untrügliches Zeichen für die Überdüngung des Bodens infolge intensiver Viehwirtschaft. Tatsächlich vernehmen wir Kuhglockengebimmel und bald entdecken wir in den steilen Hängen unter uns weidende Kühe. Den Älpler hingegen sehen wir nicht, wie auch sonst niemanden an diesem Tag. Kurz nach der Alp führt der Wanderweg in ein lang gezogenes Hochtal. Erst geht es etwas steil hinauf, dann bewegen wir uns in einem steten Auf und Ab über Wiesen und Geröllfelder immer tiefer in den Talkessel hinein. Auf knapp fünf Kilo-

Neugierige Schafe bei der Alp Stavelatsch; das letzte Stück zur Hütte führt durch ein breites Hochtal

metern Länge absolvieren wir 400 Höhenmeter. Mit etwas Glück kann man hier Steinböcke beobachten. Aus den spitzen Felsgraten, die beinahe am Himmel zu kratzen scheinen, vernehmen wir ein leises Poltern. Steinböcke sehen wir keine, dafür aber riesige Steinmannli, die auf Vorsprüngen thronen, als wollten sie dem Wanderer nicht nur den richtigen Weg weisen, sondern sich ihm auch als Hüter des Tals präsentieren. Wer diese Steintürme wohl mit viel Kraft und Fleiss aufgeschichtet hat?

Inzwischen ist unser Wunsch nach einer Abkühlung erneut erhört worden: Der Wind frischt auf. So sehr, dass wir als «Wanderer 2.0» unser Smartphone zu Rate ziehen, um zu sehen, ob wir den Regenschutz aus dem Rucksack holen müssen. Seine Antwort ist Nein. Doch am Himmel rasen Föhnwolken dahin und am Boden schleudern uns Böen ihre Kraft entgegen. Immer wieder müssen wir anhalten und unsere Wanderstöcke in den Boden rammen, damit wir das Gleichgewicht nicht verlieren. Aus dem Lot bringt uns aber schliesslich nicht der Wind, sondern eine Herde Schafe. Bereits vor der Alp Stavelatsch kommen sie uns entgegen. Sie sind wild auf das Salz auf unserer Haut und beim Versuch uns abzulecken, stossen sie uns fast um. So forcieren wir noch einmal unser Tempo. Diesmal nicht aus Angst vor dem leeren Magen, sondern um die Schafe abzuschütteln. Bald erreichen wir das Ende des Kessels, wo wir über ein paar Steinplatten hochsteigen. Plötzlich taucht ein Steinbock über den Felsen auf. Es scheint, als springe er

Von der Hütte erreicht man in kurzer Zeit verschiedene Seen

vor und zurück. Tatsächlich ist es der Steinbock auf dem Bündner Wappen, das im Wind weht und uns die Hütte ankündigt. Die Uhr zeigt an, dass wir knappe fünf Stunden gewandert sind. Wer das Tempo nicht wie wir forciert, kommt ziemlich genau auf die angegebenen sechs Stunden – womit zumindest das Klischee der sadistischen Wegweiserangaben der Bündner widerlegt wäre.

Gaumenschmaus in der Hütte

Alles andere als sadistisch gestaltet sich auch der Aufenthalt in der Medelserhütte. Sie allein ist schon eine Wanderung wert. Hier kann man sich verwöhnen lassen – vor allem kulinarisch. Ganze acht frisch gebackene Kuchensorten präsentieren sich uns bereits beim Eintreten in die Hütte.

Das Abendessen beginnt mit einer frischen Gemüsesuppe, gefolgt von Polenta mit Rindfleischgulasch. Das Bemerkenswerteste: Es gibt frischen Salat mit Sprossen – eine Rarität, die uns so noch in keiner Berghütte begegnet ist. Wenn man bedenkt, dass die Nahrungsmittel mit dem Helikopter heraufgeflogen werden müssen, ist der Mangel an frischen Lebensmitteln verständlich. Umso mehr überrascht, wie das Hüttenwartpaar es fertigbringt, zu jeder Mahlzeit Gaumenfreuden aus frischen Biozutaten hervorzuzaubern. Konserven sind hier fast ein Tabu. Verwöhncharakter hat auch die Terrasse mit viel Sonne: In einem Liegestuhl entspannt man hier

Scharfe Felszacken säumen die Hochebene kurz vor der Hütte

die müden Glieder und geniesst – dank der Lage der Hütte auf dem Felssattel – einen weitschweifenden Ausblick von Ost nach West. Wem es draussen zu kühl wird, kann durch die Panoramafenster des neuen Speisesaals zusehen, wie die Sonne hinter den Berggipfeln untergeht und die Felsen rot aufleuchten lässt.

Die Hütte wurde 2006 um vier Meter gegen Westen erweitert, was zusätzliche Schlafräume und einen neuen Essraum ermöglichte. Der Plan für den Anbau stammt aus der Feder von Marlene Gujan und Conrad Pally, dem Bündner Architektenduo, das auch die Ziegenalp konzipierte, die unser morgiges Highlight sein wird.

Am nächsten Tag starten wir früh, weil wir die kühlen Morgenstunden nutzen wollen. Linker Hand liegt das vergletscherte Medelsermassiv. Als wollten sie ihrem Schicksal trotzen, klammern sich die Gletscher hartnäckig an die steilen Hänge. Aber die Gletscherzungen sind von einst mächtigen Eisgebilden zu kümmerlichen Wurmfortsätzen geschmolzen. In ein paar Jahren werden wahrscheinlich auch sie verschwunden sein und es wird nur noch wenige Zeugen der einstigen Eismassen geben. Unsere Landeskarte aus dem Jahr 1983 ist eine solche Zeugin. Auf ihr reichen die Gletscher noch viel weiter gegen die Hochebene der Alp Sura hinunter. Diese Ebene überqueren wir nun und steigen gegen die Fuorcla dalla Buora an, einem kleinen Sattel südlich des Piz Ault. Nach einer halben Stunde ist diese Hürde erklommen. Nun geht es nur noch abwärts.

Designeralp

Vom Sattel der Fuorcla dalla Buora sehen wir bereits unser architektonisches Ziel: Ein rotes Wellblechdach leuchtet zwischen grünen Tannenwäldern hindurch – die Ziegenalp Puzzetta. Nach einem kurzen, aber steilen Abstieg zieht sich der Weg durch einen Tannenwald bis zur Alp. Sie ist die grösste Ziegenalp im Kanton Graubünden – bis zu 350 Ziegen sömmern hier.

Das Alpgebäude erinnert eher an eine Mischung aus einer Gewerbehalle und einem avantgardistischen Einfamilienhaus denn an eine Ziegenalp: rote Wellblechwände und kantig ausgeschnittene Fenster passen sich der Topografie an – auf vier Stufen schmiegen sich die verschiedenen Gebäude an den Hang. In den obersten zwei Ebenen sind der Unterstand und der Melkstand für die Ziegen eingerichtet. Von dort fliesst die Milch eine Stufe hinab, wo sie zu Käse und Joghurt verarbeitet wird. Und auf der vierten Stufe befindet sich die Wohnstube für das Alppersonal. Die Käserin erzählt uns, dass die Hütte ein paar Anlaufschwierigkeiten hatte: Unter anderem war der Boden im Melkstand nicht säurefest. In der Zwischenzeit sind die Mängel aber behoben.

Nach einem stärkenden Kaffee machen wir uns an den Abstieg hinunter nach Pardé an der Lukmanier-Passstrasse. Es ist erneut ein heisser Tag und die Vorfreude auf ein kühles Bier lässt uns noch einmal das Tempo ankurbeln. Doch die einzige Einkehrmöglichkeit in dem kleinen Dorf, das Hotel dalla Posta, ist geschlossen. Das hingegen ist nun doch sadistisch.

Das rote Wellblech der Ziegenalp Puzzetta sieht man schon von weitem

EDLES SCHUTZSCHILD Die Medelser-hütte steht exponiert auf der Fuorcla da Lavaz. Die harten Witterungs-verhältnisse hatten der 1935 erbauten Hütte des Schweizer Alpenclubs (SAC) stark zugesetzt und zu Schäden an der Westfassade geführt. Dies und die knappen Raumverhältnisse bewogen den SAC-Uto im Jahr 2006 zu einem Erweiterungsbau. Damit beauftragt wurden die Architekten Marlene Gujan und Conrad Pally, die sich bereits mit dem Neubau der nahen Alp Puzzetta (siehe Seite 148) einen Namen gemacht hatten. Sie schlugen einen vier Meter breiten Anbau auf der Westseite vor. Ein relativ kleiner Eingriff, der beide Probleme auf einen Schlag löste: Die Westfassade erhielt einen Schutzschild und die zusätzlichen Räume ermöglich-ten eine neue Organisation der Hütte. Der bisherige Winterraum konnte zu privaten Räumen für den Hüttenwart umgenutzt werden. Und Skitouren-gänger finden neu im Anbau eine pas-sende Winterunterkunft.

Die aus vorgefertigten Holzelementen bestehende Erweiterung hebt sich durch ihre schlichte Form klar von der bestehenden Hütte ab. Trotzdem bilden

die Gebäudeteile eine Einheit: Beide Dächer sind mit Uginox-Blech gedeckt und die aus demselben Material bestehende schuppenartige Verkleidung des Anbaus nimmt die Schichtung des Bruchsteinmauerwerks der alten Hütte auf. Auch im Innern haben die Architekten Alt und Neu verbunden ohne sich anzubiedern: Der neue Essraum nach Westen spricht mit seinen Panoramafenstern klar eine moderne Sprache, bietet aber durch den Ausbau mit Fichtenholz den heimeligen Charakter traditioneller Berghütten.

Cabana da Medel, Fuorcla da Lavaz GR
Bauherrschaft SAC-Uto, Zürich ZH
Art des Auftrags Direktauftrag
Architektur Gujan + Pally, Curaglia GR
Ingenieur Plácido Pérez, Bonaduz GR
Baujahr 2007
Internet www.gujanpally.ch

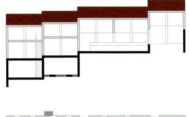

ROTER STUFENBAU Für den Erhalt der Kulturlandschaft in den Alpen haben Ziegen eine wichtige Funktion. Sie sorgen dafür, dass die Artenvielfalt der Pflanzen erhalten und das Gras auch an steilen Hängen kurz bleibt. So auch auf der Alp Puzzetta oberhalb der Lukmanier-Passstrasse. Das dortige Stall- und Alpgebäude genügte den Anforderungen schon lange nicht mehr. Das Architektenduo Marlene Gujan und Conrad Pally schlug deshalb einen Neubau vor. Mit Beharrlichkeit und Überzeugungsarbeit gelang es ihnen, Bauern, Dorfpolitiker und Heimat-schutz vom modernen Gebäude zu überzeugen. Dieses ordnet sich der Steilheit des Hangs unter und besteht aus vier treppenförmig gegeneinander versetzten Baukörpern. Der Entwurf orientiert sich an den traditionellen Alpgebäuden der Region und interpretiert häufig eingesetzte Materialien neu: Die Tragstruktur besteht aus Schnittholz, über das ein Schutzkleid aus rot lackierten Alu-Blechbahnen gestülpt wurde – ein Material, das gerne für Wirtschaftsbauten verwendet wird. Durch die rote Farbgebung, die präzise ausgeschnittenen Fensteröffnungen und den Über-

gang zwischen Dach und Wand ohne Regenrinne wird das preiswerte Material auf der Alp Puzzetta aber zu einem hochwertigen architektonischen Element. Im Innern zeigt sich, dass die Abtreppung nicht nur dem Hang geschuldet ist, sondern auch die Arbeitsteilung aufnimmt: Ganz oben findet ein ge-

deckter Unterstand Platz, eine Ebene tiefer der Melkstand für die Ziegen, von wo aus die Milch in die nochmals eine Stufe tiefer liegende Käserei fliesst. Und in der untersten Stufe schliesslich sind die Aufenthalts- und Schlafräume der Hirten und Käser untergebracht.

Ziegenalp Puzzetta, Fuorns GR
Bauherrschaft Alpkooperation Puzzetta Gemeinde Medel/Lucmagn GR
Art des Auftrags Direktauftrag
Architektur Gujan + Pally, Curaglia GR
Ingenieur Conzett Bronzini Gartmann, Chur GR
Baujahr 2005
Internet www.gujanpally.ch

Ein Abflug
in die Berge

Unterwegs in den Hügeln
des Vorarlbergs

T1

🕐 1,5 h

⊔ 3,8 km

▲ 300 m

ROUTE Ⓐ Baumgartenhöhe (1648 m) – Ⓑ Niedere Höhe (1711 m) – Ⓒ Niedere Bergrestaurant (1586 m) – Ⓓ Baumgartenhöhe (1648 m)

WANDERZEIT Ca. 1,5 Stunden mit je 150 Metern Auf- und Abstieg

TOURENCHARAKTER T1. Einfache Tour auf breiten und sicheren Wegen

VARIANTEN Es besteht die Möglichkeit, nach der Panoramarunde von der Baumgartenhöhe bis zur Mittelstation zu wandern (zusätzlich 1,5 h) oder einen Abstecher zur Winterstaude zu machen (zusätzlich 3 h, T2). Statt mit der Gondel wieder nach Bezau zu fahren, kann der Sessellift nach Andelsbuch genommen werden

BESTE JAHRESZEIT April bis Oktober (Betriebs- und Revisionszeiten der Bahn beachten)

ANREISE/RÜCKREISE Mit der Bahn nach Bregenz, von dort mit dem Bus bis zur Gondelstation in Bezau mit Umsteigen in Bezau Bahnhof. Rückfahrt ab Bezau mit dem Bus nach Bregenz und weiter mit der Bahn

VERPFLEGUNG/ÜBERNACHTUNG Verpflegung im Panoramarestaurant. Unterkunft im Gasthof Hirschen in Bezau (www.hirschen-bezau.at)

KARTE Kompass-Wanderkarte: 1:50 000, «Bregenzerwald-Westallgäu» (www.kompass.de)

INTERNET www.bezau.at, www.seilbahn-bezau.at

Mekka der Gleitschirmflieger

«Servus» und «Grüss Gott» sagen sich die Wanderer im Vor-
arlberg. Ein Abstecher über die Grenze ins Hinterland von
Bregenz mit einer Panorama-Wanderung vom und zum
Bergrestaurant Bezau-Alpe samt stiller Einkehr in der neu
erbauten Kapelle.

Schon die Anfahrt zur Talstation der Gondelbahn in Bezau ist be-
zaubernd: Wir durchqueren schmucke Dörfer, die Sonne schickt
erste Strahlen durch die Bäume – ein Tag wie gemacht zum Wandern in den Hügelzügen des Vorarlbergs nur wenige Kilometer von
der Schweizer Grenze entfernt. Und doch befinden wir uns in einer
anderen Welt. An der Talstation der Bahn werden wir mit einem
charmanten «Servus» begrüsst. Dort sehen wir auch, dass wir nicht
als Einzige die Idee hatten, den Tag in der Höhe zu verbringen. Die
lange Schlange vor dem Zugang zur Bahn erinnert an einen Ver-
gnügungspark. Die Zeit vertreibt man sich aber leicht, etwa mit dem
Lesen von Informationsbroschüren über die Gegend. So erfahren
wir, dass wir beispielsweise mit einem nostalgischen Zug – dem
Wäldlerbähnle – von Bezau nach Schwarzenberg fahren könnten.

Die Gondelbahn, die wir nun besteigen, ist hingegen überhaupt
nicht nostalgisch und hat Baujahr 2010. Die «Funifor», wie sie genannt wird, befördert einen mit 12 Metern pro Sekunde von der
715 Meter hoch gelegenen Talstation auf den 1645 Meter hohen
Bergrücken. Nach gut einer Stunde Wartezeit sind wir an der Reihe,
ein Mann hinter uns sagt lachend: «So, jetzt hab' ich mir das Bier
auf dem Berg aber bereits verdient.»

Stau am Engpass

Die Aussicht aufs Tal während der Fahrt soll wunderschön sein, doch
leider stehen wir eingepfercht inmitten von 55 weiteren Ausflüg-
lern und können deswegen nicht allzu weit sehen. Die Mittelstation
lassen wir aussen vor, genauso wie alle anderen wanderfreudigen

Die Gondelbahn «Funifor» bringt Wanderer direkt auf 1645 Meter

Passagiere. Es scheint, dass die Mittelstation vor allem für die Talfahrt in Anspruch genommen wird. Endlich oben angekommen würde man sich tatsächlich am liebsten zu einem Bier verführen lassen, denn die Gondelbahn hat uns hier oben auf der Baumgartenhöhe direkt neben unser erstes Architekturziel, das Bergrestaurant Bezau-Alpe, gebracht. Wir gehen auf die Terrasse und geniessen den Rundumblick, der vom Bregenzerwald bis ins Allgäu und weiter zum Bodensee reicht. Wir können auch die kleine Kapelle auf der Kuppe der Vorderen Niederen Alpe sehen – das zweite Architekturziel auf unserer Wanderung. Nach einer kurzen Besichtigung verlassen wir das Restaurant und starten unsere Panoramatour. Die Wanderung ist sehr überschaubar und die Strecke bereits jetzt mit blossem Auge nachvollziehbar. Gleich zu Beginn steht ein kleiner Aufstieg bevor, den wir mit wenigen Schweisstropfen bezwingen. Der Weg ist klar erkennbar und sehr breit. Kinder können hier frei herumrennen.

Die Aussicht ist atemberaubend. Als wir nach rund zwanzig Minuten an einer Kreuzung stehen und die Wegbeschreibung studieren, spricht uns ein älterer Herr mit Nordic-Walking-Stöcken an. «Grüss Gott», sagt der ortskundige Mann, fragt, wohin wir wollen und zeigt uns den richtigen Weg. Zudem hat er noch einen Tipp: «Gegenüber sehen Sie den Tristenkopf, den kann ich allerdings nicht empfehlen, da er nichts Ansehnliches bietet.» Auch auf die Winterstaude macht er uns aufmerksam, die sei aber bloss be-

Rundumblick vom Bregenzerwald bis zum Bodensee

zwingbar, wenn man schwindelfrei sei. Es gäbe da ein rund hundert Meter langes Wegstück, das stark ausgesetzt sei. Wir bedanken uns für die nette Auskunft und folgen dem bequemen Panoramaweg. Direkt vor uns hat sich – auf einem Wanderweg sonst selten – eine Menschentraube gebildet. Der Grund dafür zeigt sich bald: Der Wanderweg ist hier etwas schmaler und ein kurzer Abstieg über Steine muss bewältigt werden. Das führt, wie bei einem Nadelöhr auf der Strasse, zu einem Rückstau.

Immer wieder geben Informationstafeln Auskunft über spannende Begebenheiten. So lernen wir beispielsweise, dass südlich von uns, an der Luvseite des Hauptkammes der Roten Wand, bis weit in den Sommer hinein noch Schneereste liegen. Genau an deren Schmelzlinie treffen sich dann jeweils Frühlings-Soldanellen mit spätsommerlich blühenden Steinrosen.

Festival-Atmosphäre

Die Natur hier oben mit den saftig begrünten Hügeln ist sehr beeindruckend. Bald erreichen wir die kleine Kapelle, die wir schon vom Bergrestaurant aus gesehen haben. Sie ist komplett aus Holz gefertigt, mit drei Bänken ausgestattet und strahlt im Innern eine andächtige Ruhe aus. Ein Gästebuch liegt auf dem Altar, in dem die Wanderer sich fleissig mit Grüssen verewigen. Auf der Wiese rund um die Kapelle ist es mit der andächtigen Ruhe vorbei: Hier haben

Viel Spielraum für Kinder auf dem breiten Panoramaweg

die Gleitschirmflieger ihr Eldorado. Im Drei-Minuten-Takt fliegen sie talwärts Richtung Andelsbuch. Es ist ein reges Treiben am Hang. Wir setzen uns dazu und geniessen das Spektakel. Teilweise funktioniert der Start nicht auf Anhieb, der Schirm klappt wieder zusammen und der Gleitschirmpilot muss die Schnüre mühsam entwirren. Es kommen immer mehr Sportler, doch wie es scheint sind viele auch hier, um Freunde und Bekannte zu treffen. Gemütlich liegen sie im Gras, reden miteinander und geniessen das Wetter. Die Atmosphäre erinnert an ein Open-Air-Festival. Je länger wir hier liegen, desto mehr bekommt die Kapelle mitten auf der Alp eine spezielle Bedeutung: Es scheint, als ob sie über all die Gleitschirmflieger wache.

Wir bleiben noch eine Weile sitzen, gönnen uns etwas zu trinken und brechen schliesslich zur Schlussetappe auf. Das Panoramarestaurant können wir bereits wieder sehen. Zuerst passieren wir aber eine kleine Berghütte, in der man einkehren kann. Gleich daneben befördern Sessellifte die Gleitschirmflieger und Wanderer nach oben. Den Panoramarundweg könnte man auch von hier aus in Angriff nehmen. Wer mit dem Sessellift nach Andelsbuch ins Tal hinunterfährt, wird im Dorf bald ein weiteres Architektur-Highlight besichtigen können: Der Bündner Architekt Peter Zumthor, der mit dem Thermalbad in Vals GR berühmt geworden ist (siehe Architektur erwandern, Band 1), wird dort ein Ausstellungs- und Schulungszentrum für 87 lokale Handwerksbetriebe bauen (www.

Die Gleitschirmflieger bieten den Wanderern ein tolles Spektakel

werkraum.at). Derzeit befindet sich das Haus in der Planungsphase, der Baubeginn ist für 2013 geplant. Wir bleiben deshalb oben am Berg. Eine kurze Steigung noch und dann haben wir die Bergstation der Gondelbahn fast schon wieder erreicht. Die Vorfreude auf ein Schnitzel im Panoramarestaurant lässt uns diese letzte Anstrengung kaum spüren.

Auf der Terrasse geniessen die Gäste die Sonne und das Bier. Wir kommen endlich zu unseren feinen Schnitzeln und beobachten die friedliche Szenerie hoch oben über dem Alltag: Die Kinder spielen Verstecken, die Eltern trinken ihren Apéro und die Welt scheint für einmal ganz harmonisch zu sein. Ein freundliches «Pfüeti» der Kellnerin läutet den Abschied ein und kurz darauf fahren wir mit der Gondel wieder nach Bezau hinunter. Diesmal können wir sogar die Aussicht geniessen.

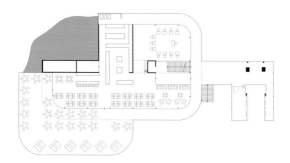

EXPONIERT UND EXTROVERTIERT So erscheint die Bergstation, die sowohl ihre imposante Umgebung als auch sich selbst inszeniert. Die beiden unterschiedlichen Funktionen der Gebäude spiegeln sich direkt in der gewählten Architektursprache wider. Während die von ihrer Stahlkonstruktion geprägte Seilbahnstation rein für den Transport der Besucher geschaffen ist und ihren technischen Charakter betont, will der gläserne Baukörper des Restaurants mit seinem weit auskragenden, dicken Betondach und der vorgelagerten Sonnenterrasse den Gästen einen attraktiven Aufenthaltsraum bieten, in dem sie den besonderen Ort auf dem Bergrücken des Baumgartens geniessen können. Das Panorama, das sich auch aussen in der Glasfassade spiegelt, wird über die Rundumverglasung für die Restaurantbesucher im Gebäudeinnern maximal erlebbar. Entgegen der durch Beton und Glas kühl gehaltenen äusseren Erscheinung des Neubaus schafft im Innenraum heimisches Holz Behaglichkeit: dunkle Hölzer für Boden und Decke und heller Ahorn für alle frei stehenden Körper und Möbel. Der tiefe Einschnitt mitten durch das Ge-

bäude trennt einen Bereich vom Restaurant ab, der für Veranstaltungen wie Seminare oder Konzerte genutzt werden kann. Über die in diesem Einschnitt gelegene Treppe gelangt man auch zur Aussichtsplattform auf dem Dach des Restaurants, von wo aus der Blick ungehindert in alle Himmelsrichtungen bis zum Horizont schweifen kann.

Panoramarestaurant Baumgarten, Bezau A
Bauherrschaft Seilbahn Bezau
Art des Auftrags Wettbewerb
Architektur Bernd Frick, Reuthe A; Markus Innauer, Dornbirn A
Ingenieur Mader & Flatz, Bregenz A
Baujahr 2010
Internet www.berndfrick.com, www.markusinnauer.com

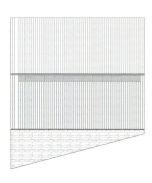

PURE ÄSTHETIK Die Geschichte um die Entstehung der Bergkapelle ist von Anfang an eigenwillig. Die Idee zum Bauvorhaben entstand in einer schweren Stunde der Bauherrschaft: Das Paar hatte gerade ein Baby verloren und versprach sich, aus Dankbarkeit eine Kapelle zu errichten, falls es ein gesundes Kind bekäme. Dass dieses Kind bereits über zwanzig Jahre alt war, als das Versprechen in die Tat umgesetzt wurde, lag nicht an fehlendem Willen, sondern an der ungewöhnlich langen Projektierungsphase. Speziell war auch das Preisgeld für den veranstalteten Architekturwettbewerb: Drei Laib Käse aus der hauseigenen Alpsennerei erhielten Cukrowicz Nachbaur Architekten für ihren siegreichen Entwurf. Und schliesslich entsprach auch der Bauablauf nicht dem, was man eigentlich erwarten würde: Mit Hilfe von Freunden wurde der Strickbau von Hand und ohne Kran errichtet – das verwendete Holz stammt vom Grundstück selbst.

Der komplett in Holz gehaltene Bau und die gewählte formale Klarheit der Architektursprache verleihen der Kapelle ihre in sich ruhende Ausstrahlung.

Nur ein schmaler Fensterschlitz aus mattiertem Glas bildet die Ausnahme bei der Materialisierung – er löst die Altarwand von Wänden und Decke optisch ab. Dieses Detail sowie das Kreuz in der Altarwand und der Schallfilter für die Glocke, die ornamentartig in die beiden Giebelwände gefräst wurden, bereichern das ansonsten sehr schlichte Bauwerk um eine willkommene und zarte Raffiniertheit.

Bergkapelle, Andelsbuch A
Bauherrschaft Irene und Leo Feuerstein, Andelsbuch A
Art des Auftrags Wettbewerb
Architektur Cukrowicz Nachbaur Architekten, Bregenz A
Baujahr 2008
Internet www.cn-architekten.at

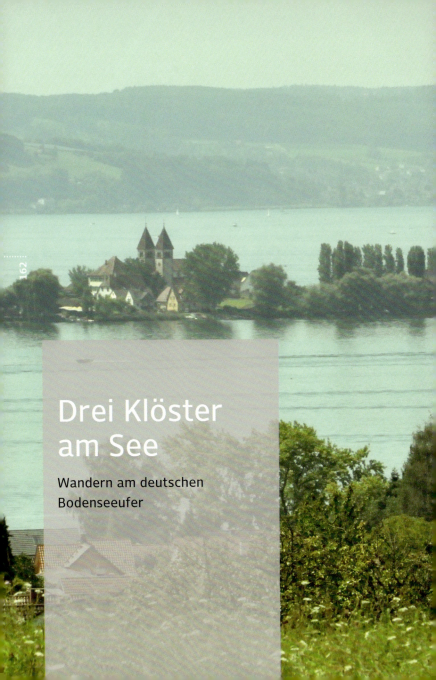

Drei Klöster am See

Wandern am deutschen
Bodenseeufer

Von Radolfzell nach Konstanz

T1

🕐 7 h

⊔ 26,8 km

▲ 200 m

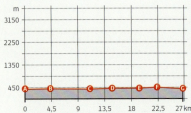

ROUTE Ⓐ Radolfzell (404 m) – Ⓑ Markelfingen (410 m) – Ⓒ Allensbach (400 m) – Ⓓ Hegne (417 m) – Ⓔ Wollmatingen (416 m) – Ⓕ St.-Katharina (455 m) – Ⓖ Konstanz (404 m)

WANDERZEIT Ca. 7 Stunden mit je 100 Metern Auf- und Abstieg

TOURENCHARAKTER T1. Längere, aber leichte Wanderung auf gut ausgeschilderten, breiten Kies-, Wald- oder Asphaltwegen, durch Wälder, über Felder, durch Dörfer und die Städte Radolfzell und Konstanz. Wenig Steigung

VARIANTE Abstecher von Allensbach auf die Insel Reichenau (Fähre). Mit diesem Abstecher ist die sonst als Tagestour angelegte Wanderung als Zweitagestour zu empfehlen (Übernachtung beispielsweise auf Reichenau: www.reichenau.de)

BESTE JAHRESZEIT Frühling bis Herbst, bei wenig Schnee auch im Winter. Lange Abschnitte der Wanderung sind nicht beschattet. Bei heissem Wetter deshalb genügend Getränke und einen Sonnenhut mitnehmen

ANREISE/RÜCKREISE Mit der Bahn nach Radolfzell, Rückfahrt ab Konstanz ebenfalls per Zug

VERPFLEGUNG/ÜBERNACHTUNG Diverse Restaurants und Hotels in Radolfzell und Konstanz. Hotel, Café und Restaurant im Kloster Hegne (T 0049 7533 9366 2000)

KARTEN Landeskarte der Schweiz: 1:50 000, Blätter 206 «Konstanz» und 207 «Stein am Rhein»; IBN-Freizeitkarte: 1:50 000, Blatt 511 «Westlicher Bodensee» (www.ibn-online.de/shop)

INTERNET www.fernwege.de, www.klosterhegne.de, www.radolfzell.de, www.konstanz.de

Alles fest in Nonnenhand

Eine lange, aber trotzdem relativ leichte Tour auf dem bekannten Bodensee-Rundwanderweg von Radolfzell nach Konstanz führt an drei eindrücklichen Klosteranlagen vorbei, wie sie unterschiedlicher nicht sein könnten.

Er ist beliebtes Ferienziel der Schweizer, Deutschen und Österreicher: der Bodensee. Und das nicht nur als Badeort, sondern auch wegen seiner attraktiven Wandermöglichkeiten durch die sanft hügelige Landschaft und die charmanten Dörfer und Städte entlang des Seeufers. Wer genug Zeit und Energie hat, kann sogar um das ganze «Schwäbische Meer» wandern; der Bodensee-Rundwanderweg ist rund 270 Kilometer lang und bei durchschnittlicher Fitness in etwa zwei Wochen zu Fuss zu bewältigen. Wir geben uns mit einer Teilstrecke des Rundwanderwegs zufrieden: von Radolfzell nach Konstanz, machbar an einem oder zwei Tagen – je nachdem, ob man unterwegs der Insel Reichenau einen Besuch abstattet oder nicht. Der Wanderweg verläuft nicht direkt am Seeufer, sondern etwas weiter landeinwärts am Südhang des Bergrückens Bodanrück. Manchmal sieht man den See für längere Zeit nicht, um ihn nach einer Hügelkuppe oder einem Waldstück wieder als umso eindrücklichere Kulisse präsentiert zu bekommen. Nicht nur das Wandern durch intakte Natur bietet auf der gewählten Strecke einen Kontrast zu den oftmals sehr belebten touristischen Zentren in der Bodenseeregion. Das hektische Stadtleben vergessen lassen uns auch beschauliche Dörfer und ganz besonders die drei auf unserem Weg liegenden Klöster.

Aufbruch in Radolfzell

Los geht es im Zentrum der 30 000 Einwohner zählenden Stadt Radolfzell. Der vom Schwarzwaldverein gut ausgeschilderte Bodenseerundweg führt uns direkt weg vom Seeufer nach Norden. Kurze

Sicht auf den See und die Ortschaft Markelfingen

Zeit gehen wir stadtauswärts neben der Strasse her, biegen aber bald in einen lauschigen Waldweg ein. Die Freude über den wohltuenden Schatten macht es wett, dass im Hintergrund noch Autolärm zu hören ist. Als der leicht ansteigende Weg nach einem kurzen Marsch wieder aus dem Wald herausführt, öffnet sich die Aussicht nach Süden hin: Zu sehen ist das hinter uns liegende Radolfzell, der See und unser nächstes Ziel, die Ortschaft Markelfingen. In dem verträumten Dorf gelangen wir auf den Jakobsweg – er und der Rundwanderweg werden für einen Grossteil unserer Wanderung identisch sein.

Nach etwa sechs weiteren Kilometern auf kühlen Waldwegen bietet sich uns kurz vor Allensbach das nächste Panoramabild: Ganz unerwartet wird von einer Anhöhe aus der Blick auf die Klosterinsel Reichenau frei. Auch aus der Distanz sind die stattlichen Bauten als Kloster Reichenau zu erkennen. Auf der «Gemüseinsel» sieht man sie idyllisch eingebettet zwischen Weinreben, Feldern und Gewächshäusern. Wer Lust auf einen Abstecher auf die Insel bekommt und damit die Wanderung auf eine Zweitagestour ausdehnen möchte, kann von Allensbach mit der Fähre hinüberfahren. Ein Umweg, der sich lohnt: Das grosse Benediktinerkloster, aus dem die Mönche vor rund 250 Jahren ausgezogen sind, zählte einst zu den geistigen und kulturellen Zentren des Heiligen Römischen Reichs und gilt bis heute als herausragendes Zeugnis für die frühmittelalterliche Sakralarchitektur in Europa. Die UNESCO hat

In der Senke liegt das Kloster Hegne

die Klosterinsel inzwischen sogar zum Weltkulturerbe erklärt. Da
wir die gesamte Wanderung an einem Tag machen wollen, sparen
wir uns jedoch diesen Abstecher und gehen von Allensbach auf
direktem Weg weiter Richtung Hegne. Unser Weg verläuft teils im
Wald, vor allem aber am Waldrand entlang, bietet abwechselnd
Schatten und Sonne und zwischendurch immer wieder Sicht auf
den See. Kein Wunder, dass uns die Strecke kurzweilig erscheint.
Nach einer letzten Hügelkuppe vor dem 1000-Seelen-Dorf stehen
wir vor einer Aussicht, die die Anstrengungen der letzten Stunden
definitiv vergessen lässt: Hinter Äckern und Wiesen und vor einem
tiefgrünen Waldstreifen am Horizont liegt in einer Senke die ausla-
dende Dachlandschaft der Klosteranlage Hegne. Auch wenn es
noch nicht ganz geschafft ist – ab jetzt haben wir das Architekturziel dieser Wanderung stets vor Augen.

Beim Kloster angekommen fällt uns auf, was von weitem nicht
sichtbar war: Die Anlage hat nicht wie in Reichenau rein musealen
Charakter, sondern ist im Gegenteil noch fest in Nonnenhand. Auf
der Strasse und auf den Plätzen zwischen den Bauten sieht man
die Klosterschwestern geschäftig umhergehen oder in Grüppchen
plaudernd zusammenstehen. Nach einer kurzen Besichtigung der
Klosteranlage von aussen – die meisten Bauten sind für die Öffent-
lichkeit nicht zugänglich – und einem besonderen Augenmerk auf
die kürzlich fertig gewordene Berufsfachschule «Marianum» kehren wir im zum Kloster gehörenden Café St. Elisabeth ein.

Ein gottverlassener Ort

Von der Pause und einer grossen Portion Fischknusperli gestärkt, lassen wir Hegne hinter uns. Als wir nach gut einer Stunde strammen Marsches durch den Wald den Ortseingang von Wollmatingen erreichen, führt unser Weg nicht ins Dorf hinein, sondern biegt nach den ersten Häusern in östliche Richtung ab. Von hier aus sind es nochmals etwa vierzig Minuten bis zum dritten und letzten Kloster unserer Tour – dem ehemaligen Augustiner-Eremiten-Kloster St.-Katharina auf einer Lichtung im Mainauwald.

Ganz im Gegensatz zu den Klöstern Reichenau und Hegne ist von St.-Katharina nicht mehr viel übrig geblieben – lediglich ein einziges Gebäude, das inzwischen zu verfallen droht. Besonders wohlhabend war das kleine, 1324 erbaute Frauenkloster, in dem nur jeweils zehn Nonnen zur gleichen Zeit lebten und arbeiteten, nie gewesen. Neben der Landwirtschaft gehörte vor allem die Verköstigung der Pilger auf dem Jakobsweg zu ihren Aufgaben und bildete die Lebensgrundlage. 1808 wurde der klösterliche Betrieb eingestellt und später nutzte man die Bauten als Gastwirtschaft um. So lange, bis in den Sechzigerjahren wegen fehlendem Wasseranschluss auch dies aufgegeben werden musste. Seitdem geht es mit dem übrig gebliebenen Gebäude sichtlich bergab. Und dennoch beeindruckt uns der von Blumenwiesen umgebene, ausgestorbene Ort auf der abgelegenen Waldlichtung mit seiner ganz besonderen, geradezu besinnlichen Ausstrahlung. Diese geniessen wir einen Moment, bevor wir weitergehen.

Nun ist es nicht mehr weit bis zum Ziel, noch rund vier Kilometer Wegstrecke liegen zwischen uns und dem Bahnhof Konstanz. Während wir noch romantisch verklärten Gedanken an längst vergangene Klosterzeiten nachhängen, passieren wir eine nächste Waldlichtung und der darauf stehende Gebäudekomplex holt uns abrupt in die profane Welt zurück: Es ist der Botanische Garten und gehört zur Universität Konstanz, die hier im Norden der Stadt angesiedelt ist.

Leer stehend, aber romantisch:
Kloster St.-Katharina

BAUSTEIN IM MOSAIK Die Klosteranlage in Hegne ist geprägt von ihrer
langen und bewegten Architektur-
geschichte. Kern des gesamten Gebäu-
dekomplexes bildet das Schloss Hegne
aus dem 15. und 16. Jahrhundert, das
die Barmherzigen Schwestern vom heiligen Kreuz Ende des 19. Jahrhunderts
zu einem Kloster umnutzten und bis
heute als solches betreiben. Ausserdem
beherbergt die Anlage inzwischen verschiedene schulische und karitative Ein-
richtungen wie ein Alters- und Pflege-
heim und die Real- und Berufsschule
Marianum, die 2009 erweitert wurde.

Das Stuttgarter Architekturbüro Lederer Ragnarsdóttir Oei spiegelte für
den Neubau die Proportionen des bereits bestehenden Schulhauses aus
dem Jahr 1927. Die formale Ausführung
mit auffälligen Details wie den markant
aus der Fassade tretenden Fenster-
laibungen lassen allerdings keine Zwei-
fel an der Aktualität des neuen Schulhauses zu. In Formensprache und
Materialisierung nicht weniger auffal-
lend geriet der Verbindungsbau zwischen Alt- und Neubautrakt. Auf mehreren Ebenen bietet der Verbindungsbau mit einer von Sichtmauerwerk und

bogenförmigen Öffnungen geprägten Fassade Platz für Verpflegungs- und Veranstaltungsräume. Zur Strasse hin führt der Neubau die bestehende Klostermauer fort. Als raumhaltiger Baukörper beinhaltet er Sanitärräume, Parkplätze und Technik – und leitet direkt zum Haupteingang des Marianums über.

Marianum Kloster Hegne, Allensbach D
Bauherrschaft Kongregation der Barmherzigen Schwestern vom heiligen Kreuz von Ingenbohl in Hegne, Allensbach D
Art des Auftrags Wettbewerb
Architektur Lederer + Ragnarsdóttir + Oei, Stuttgart D
Ingenieur Ingenieurbüro Baur, Singen-Hausen D
Baujahr 2009
Internet www.archlro.de

Übersichtskarte

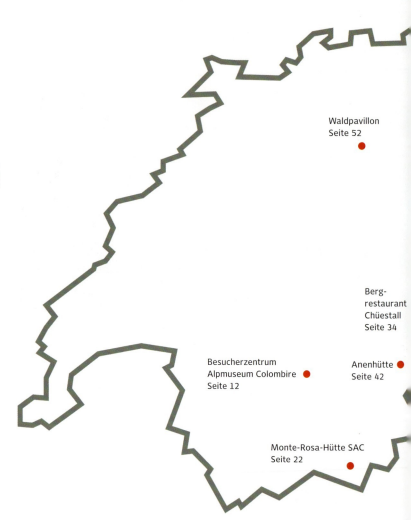

Waldpavillon
Seite 52

Berg-
restaurant
Chüestall
Seite 34

Besucherzentrum
Alpmuseum Colombire
Seite 12

Anenhütte
Seite 42

Monte-Rosa-Hütte SAC
Seite 22

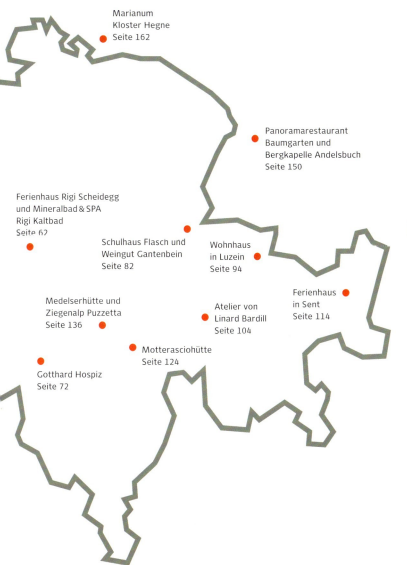

Marianum
Kloster Hegne
Seite 162

Panoramarestaurant
Baumgarten und
Bergkapelle Andelsbuch
Seite 150

Ferienhaus Rigi Scheidegg
und Mineralbad & SPA
Rigi Kaltbad
Seite 62

Schulhaus Flasch und
Weingut Gantenbein
Seite 82

Wohnhaus
in Luzein
Seite 94

Ferienhaus
in Sent
Seite 114

Medelserhütte und
Ziegenalp Puzzetta
Seite 136

Atelier von
Linard Bardill
Seite 104

Motterasciohütte
Seite 124

Gotthard Hospiz
Seite 72

Herausgeber

Reto Westermann (*1970) ist diplomierter Architekt ETH und Journalist BR. Seit 1998 arbeitet er als Buchautor und freier Journalist für grosse Tages- und Wochenzeitungen sowie Fachzeitschriften. Schwerpunktthemen: Architektur, Bau, Immobilien und Wandern. Er ist Mitinhaber des Medienunternehmens Alpha Media AG in Winterthur (www.alpha-media.ch).

Üsé Meyer (*1968) ist Journalist BR und diplomierter Journalist MAZ. Seit 1999 ist er als Buchautor und freier Journalist in den Bereichen Bauen, Immobilien, Wandern, Bergsport und Tourismus für grosse Zeitungen und Magazine tätig. Er ist Mitinhaber des Medienunternehmens Alpha Media AG in Winterthur (www.alpha-media.ch).

Dank

Die Autoren möchten sich bei allen beteiligten Personen und Institutionen herzlich für die Unterstützung bedanken.
Dies gilt insbesondere für die verschiedenen Architekturbüros, die uns Bilder und Pläne der Objekte zur Verfügung gestellt haben, die lokalen Tourismusorganisationen sowie Manfred und Eléonore Westermann.

Bildnachweis

S. 22, 32, 33	ETH-Studio Monte Rosa / Tonatiuh Ambrosetti
S. 40, 41	Stephan Loretan
S. 50	Peter und Prisca Tscherrig
S. 50, 51	Stephan Rappo
S. 60, 61	André Emmenegger
S. 68, 69	Valentin Jeck
S. 70, 71	BlueWaterCom
S. 80	Ruedi Walti
S. 82, 90–93	Ralph Feiner
S. 102, 103	Tom Kawara
S. 112	Archiv Olgiati

S. 114, 124, 128	Graubünden Ferien
S. 131	Blenio Turismo
S. 134, 135	Filippo Simonetti
S. 142	Gujan + Pally
S. 145–149	Ralph Feiner
S. 158	Adolf Bereuter
S. 160	Andreas Cukrowicz
S. 170	Thilo Holzer

Alle gezeigten Grundrisse und Schnitte stammen von den im jeweiligen Text genannten Architekturbüros.

Noch mehr Architektur erwandern

ISBN 978-3-85932-605-7

CHF 29.90 / EUR 24.90

Preisänderungen vorbehalten

ÜSÉ MEYER ·
ULRIKE SCHETTLER ·
RETO WESTERMANN

Architektur erwandern

Band 1

Touren zu moderner Schweizer Architektur in den Alpen und Voralpen

Möchten Sie sehen, was Mario Botta, Peter Märkli, Gion A. Caminada oder Peter Zumthor in den Schweizer Alpen und Voralpen gebaut haben? Und dies mit einer schönen Wanderung verbinden? «Architektur erwandern, Band 1» vereint 16 Wanderungen zu faszinierenden modernen Bauwerken. Neben der detaillierten Beschreibung der Wanderung liefert ein ausführlicher Informationsteil mit Architekturbeschreibung und Plänen des Bauobjektes viel Wissenswertes für Architekturfans.

WERDVERLAG

buecher@werdverlag.ch, T 0848 848 404 (CH), T 07154 13 270 (D)

Besuchen Sie unseren Buchshop: www.werdverlag.ch

ÖFFNUNGSZEITEN: / HOURS:
DI: MI: FR: / TUE: WED: FRI: 11–18   H
DO: / THU: 11–20:30   H
SA: SO: / SAT: SUN: 11–17   H

S AM   STEINENBERG   7
CH -   4051   BASEL
          WWW.SAM-BASEL.ORG

SCHWEIZERISCHES
ARCHITEKTURMUSEUM
SWISS   ARCHITECTURE
MUSEUM

S AM